全国教育科学“十四五”规划课题
“‘家长学校’教育质量评价模型构建与质量验
（批准文号：BSA240232）科研成果

故事里的家庭教育学

——3~6岁儿童家庭教育指导手册

总主编　赵　刚　本册主编　吕　博

长江出版传媒｜湖北教育出版社

家庭教育学：幸福人生的必修课

当今社会，我们常常在忙碌的生活节奏中，遗忘了一些极为基础却又关键的生活常识。在传统认知里，人生中有两件大事：成家、立业。它们如同人生坐标系的双轴，共同标定着个体价值的维度。然而，令人惋惜的是，当下众多人在追逐事业巅峰的过程中，不经意间偏离了“家庭”这一生活的原点。大多数人接受教育是为了提升生活品质，获得幸福。一个人的幸福指数，由家庭生活的美满程度及其获得的社会评价共同构筑。试想，若家庭内部夫妻关系紧张、亲子关系对立，那么身处其中的人，又怎能真切体会到幸福呢？在社会舞台上，我们的角色不断变换，充满不确定性，而家庭角色却相对稳定且贯穿一生。当好一位处长、厂长等社会角色需要历练，而成为一名优秀的家长，同样需要持续学习、用心感悟以及不断自我提升。

人类以家庭的形式构建生活，这是文明进步的标志。作为社会结构的基本单元，家庭承载着情感慰藉、安全互助、生命延续、两性和谐等诸多重要责任与功能。生育子女是实现生命繁衍的关键环节，鉴于此，长辈在家庭教育中肩负着培育下一代的核心责任。尽管工业革命催生了大规模的学校教育，但家庭特有的教育功能仍然是学校教育所无法替代的。家庭文化的熏陶、家庭生活的点滴、家人之间的关系以及家长的一言一行，都在潜移默化中影响着孩子未来的处世方式与生活态度，也决定了他们的人生质量。人类教育发展到现在，一个被证明了的经验或者说教训就是，缺失家庭教育的教育体系，往往难以造就幸福的、高素质的人才。

有人说，家庭是孩子的第一所学校，家长是孩子的第一任老师。在当下，这句话有着更为深刻的内涵。如今，家庭常常成为孩子继续完成学校作业的第二场所，家长大多也只是履行抚养孩子的基本职责，并未充分意识到以身作则、言传身教的教育责任。学校老师的专业化教育固然重要，但若作为第一任老师的家长，未能将孩子教导得通情达理、具备基本生活能力，那么即便学校老师使出浑身解数，也难以将孩子塑造成有用之才。由此可见，作为人生第一所学校的家庭、作为孩子第一任老师的家长，其作用无可替代。我国未成年人口数量庞大，其背后的父母与祖辈更是一个规模可观的群体。这一群体的素质以及其在教育中发挥的作用，对国家治理水平和教育现代化进程有着重大影响。因此，这套《故事里的家庭教育学》的价值不言而喻。

2025年，正值“中国近代幼儿教育之父”陈鹤琴先生1925年所著《儿童心理之研究》《家庭教育》两本书出版100周年。这两本书的出版是中国现代儿童教育、家庭教育“中国化、科学化、大众化”进程开始的重要标志。我们这套《故事里的家庭教育学》在百年之后与之呼应，旨在向陈鹤琴先生致敬，并再次强调：家庭是人生的幸福原点，家庭教育是每个人受教育的起点，家庭教育这门学问，是一个人学习与实践的必修课。愿这本以事喻理、力求通俗的“学”能为您所用，转化为助力子女成长之“行”。

赵　刚

目 录

第五章　提高媒介素养

第六章　正视性别教育

第七章　成就幸福亲子

第一章　培养优秀品德

第一节　家庭对孩子道德启蒙的独特作用

学前期是儿童道德发展的关键时期。一般来说，孩子在3岁左右，开始经历一个从无律阶段走向他律阶段的发展过程。家庭对于儿童道德的启蒙有着不可替代的作用，父母的言传身教、教养方式以及整体的家庭氛围都会对孩子的道德发展产生深远影响。正如宋庆龄所说：孩子长大成人以后，社会成了锻炼他们的环境。学校对年轻人的发展也起着重要的作用。但是，在一个人的身上留下不可磨灭的印记的却是家庭。

在美国，有两个家族都已繁衍了八代。一个家族的始祖是200年前康涅狄格州德高望重的著名哲学家嘉纳塞·爱德华。由于他重视子女的教育，并代代相传。在他的八代子孙中出了1位副总统、1位外交官、13位大学校长、103位大学教授、60位医生、20多位议员……

另一个家族的始祖是纽约州的马克斯·莱克，他是个臭名昭著的赌棍和酒鬼，开设赌场，对子女的教育不闻不问。在他的八代子孙中有7个杀人犯、65个盗窃犯、324个乞丐，其中因酗酒夭亡或成为残废者的有400多人。

美国纽约曾成立了一个儿童救护会，该救护会专门收容和抚养弃儿、孤儿和贫儿。它的做法同普通的孤儿院不同，其方针是必须让这些孩子到可靠的家庭里接受良好的教育。因此，他们把这些儿童送到可靠的家庭寄养。50多年中，该儿童救护会共收容、照顾了2万多名孩子。有报告指出：这些孩子中，有87%的成了出色人物。其中，有的当了州长、总督、高级审判官、市长及州会计、检察官，还有24人被选为美国国会议员，有9人被选为州议会议员。此外，在教育、农业、商业等方面卓有成绩者也不胜枚举。更为有趣的是，该救护会曾收容了马克斯·莱克的第九代孙子，照例把他送到良好的家庭寄养，据说他成长为当地的模范青年。

3～6岁是儿童道德发展的关键期。在这一时期，家庭对一个人的道德启蒙尤其重要，是任何一个社会组织都无法取代的。一个家庭的生活习惯、志趣爱好、道德品德的总和形成家风。家风对家庭成员，特别是下一代有着不可估量的影响。这种影响不仅关系到一代人，它甚至可以影响到数代人的成长。

家风是一本无字的教科书。家长的言行举止对孩子能起到润物细无声的作用。一个家庭有了好的家风，才能带出好孩子。如果家风不正，孩子从小会养成不良的习惯，影响其以后的学习、工作和生活。

教子有方小课堂

1. 做学习型家长，不断更新教育理念

家长不同的教育观念支配着不同的教育方法，从而达到不同的教育效果。因此，家长应从理念上树立起与时代相符的素质教育观，紧跟立德树人的教育方针，要把儿童的“德”育放在首位。

2. 坚持正面引导

有研究表明，正面引导学前期孩子，经过短期的训练，可以有效地影响其道德判断方向，并且表扬比惩罚的效果更好。因此成人在对孩子道德培养的过程中应该坚持正面引导，在孩子出现积极的道德行为和优秀的道德品质时要真诚地鼓励、表扬。并在孩子的认知范围内，解释其行为可能带来的后果。

3. 身教胜于言传

学前期孩子的认知和语言发展水平有限，因此单纯的语言讲解对其所起的作用有限。但是孩子天生具有敏锐的观察力和高超的模仿能力，只有父母秉承着高尚的道德情操，并在行为上有所体现，才能成为孩子最好的榜样。

4. 关注孩子的情感发展

对于学前期孩子来说，情感体验比观念认知更为基础。正因为如此，教育家苏霍姆林斯基认为，心地善良的人首要的一点就是爱人。对于孩子来说，首要的是爱妈妈、爱家人，然后才可能爱身边其他的人和物，爱生长的地方，爱自己的国家。激发孩子的爱，需

要父母为孩子创造一个充满爱的家庭环境，让孩子在家庭中获得安全感、依恋感、信任感、成长感等的满足，这些情感体验是培育更高尚的道德情感的基础。

第二节　尽早给孩子的生活立规矩

3~4岁幼儿的自我控制能力尚不明显，4~5岁是幼儿从缺乏自我控制到自我控制萌芽的关键期，5~6岁的幼儿大多有一定的自我控制能力。但总体而言，儿童在整个幼儿期的自我控制能力较弱。因此，在这一时期，尤其需要父母为孩子确立明确的生活规矩，并监督其遵守。无规矩不成方圆，明确的规矩有助于孩子养成良好的生活习惯，在遵守规矩的过程中可以培养孩子的规则意识以及自我控制能力。

幼儿园的李老师发现新插班的小宇有一些异常行为：不爱吃早饭，为了避免吃早饭，向老师撒谎说在家已吃过了；遇见不如意的事经常乱摔东西，乱发脾气，甚至对小朋友又打又骂；拒绝自己穿衣服收拾玩具等任务，闯祸时常常推卸给其他人，逃避责任；面对长辈不懂得尊重，肆无忌惮无半点礼貌。

通过与家长的沟通，李老师了解到小宇的父母长年在外地做生意，平时很少与孩子交流，对其生活和性格发展也无暇顾及，金钱成为父母与小宇沟通的主要方式。平时，小宇主要由保姆和老人负责养育。老人总是心疼小宇缺少父母亲的关爱而想给予他更多的爱，因而不舍得拒绝小宇的任何要求，一切顺着他的性子来。甚至小宇打骂爷爷时，爷爷都会宠溺地对小宇说："我孙子真有出息！"这也导致小宇更加恃宠而骄。对此，小宇的妈妈也非常头疼。

许多家长觉得孩子好像根本不懂得自律，强行管束又会导致孩子的哭闹与反抗，由此产生了许多困惑。事实上，孩子之所以表现出这种行为，主要由于其自我控制能力较低。那么在这一时期，家长应该为其制定明晰的生活规则，并监督孩子遵守规则，促进其养成良好的生活习惯。由于家庭教育的缺失，文中的小宇并不能适应幼儿园的生活，从而不断破坏幼儿园中的秩序。原因就在于幼儿园的一日生活有着严格的秩序要求，一旦家庭中没有明晰的生活规则，那么幼儿园和家庭生活就会产生巨大的冲突，让孩子难以适应。

教子有方小课堂

1. 制定明晰的规则

在家庭生活中应该建立起明晰的规则，比如生活物品的整理、作息时间的规定等。这些规则应该在孩子的理解能力之内，父母还应该告知孩子违反这些规则可能带来的后果，以及对家人的影响。这些规则应该被严格执行，不因父母以及孩子的情绪波动而改变。

2. 以身作则，遵守确立的规则

比如有的家长要求孩子不能玩手机，但是自己却是手机不离手。可想而知，这样的规则孩子很难遵守。在规则制定之初，家长就应该思考这样的规则自己是否也能做到。家长只有以身作则，做好示范，才能让孩子在家庭生活中养成遵守规则的好习惯。

3. 树立权威，有坚决的态度

研究表明，相比溺爱和放任式的教养方式，权威式的教养更有利于儿童的成长。在规则意识养成的过程中，由于儿童自制力有限，因此尤其需要父母树立权威的形象，监督儿童遵守规则，对于该遵守的规则坚决执行，对于违反规则的行为，要坚决说“不可以”。

4. 家园合作，保持一致

父母应经常与幼儿园老师保持联系，以避免家庭中制定的规则与园所内的相关规则相矛盾。另外，经常性的信息沟通可以让父母了解儿童在园所内的行为习惯，让老师了解儿童在家的相关表现，从而实现系统、连贯的儿童习惯养成，帮助其尽早确立起规则意识。

第三节　培养孩子的诚信品质

学前期孩子的道德意识已经萌芽，虽然此时他们还没有形成固定而深化的道德观念，但这是培养其形成良好品质的重要时期。家长应抓住这一关键时期教导孩子说话算话、讲诚信。当孩子出现说话不算话的行为时，家长首先应当理解孩子的这一心理特点。这一时期的孩子有时可以从认知上理解关于行为的要求，但是实际行动时却没有意识到，这反映了孩子的抑制不足、自控能力较弱等基础能力发展水平的限制。家长应通过孩子能够理解的方式（如绘本、故事等）帮助他们明白什么是诚信，以及为什么要坚持诚信。

故事一　小鹏的妈妈抱怨道："昨天晚上，我和5岁的儿子讲好只看30分钟电视。儿子本来答应得好好的，可是时间一到，他就开始耍赖。我要关电视，他就拿着遥控器不撒手。我上前去夺，他就上蹿下跳到处躲。我好不容易抓住他了，他就顺势躺在地上耍赖。他就像一个不听话的孙猴子，我却没有能镇住他的'五指山'。一场鸡飞狗跳后，还是孩子爸爸把他打了一顿才结束。"同事也感慨道："现在的孩子怎么这么难管？我女儿小美也是，说好的5分钟后洗漱，但是10分钟后，她还扎在积木堆里玩，好不容易在我的威逼利诱下洗漱完，她躺在床上却滚来滚去不肯睡觉，每天都要关灯后30分钟以上才能睡着。"

故事二　淘淘是个调皮鬼，每天都有旺盛的精力。大冷天的，小家伙就背着家人在阳台玩水。虽然他也知道妈妈发现了会很不高兴，但是，他很会找借口。一见到妈妈从房间出来，他就赶紧走过来说："妈妈，我衣服没有湿，你不要摸哟。"妈妈听出小家伙是不打自招，于是眼神一扫，发现淘淘的袖子和裤脚全是湿漉漉的，知道孩子玩水了。

幼儿诚信品质是指儿童在幼儿期应该具有的对待别人和周围事物诚实、守信的态度和行为，它主要包括真诚、诚实和守信三种品质。其中，真诚是指能从对方的利益出发，没有保留地对待他人；诚实是指自己的言行保持一致，不说谎；守信是指能尽最大的努力去实现已经做过的承诺，说到做到，不耍赖。上文案例中的儿童都表现出了言行不一、说谎等行为。原因在于儿童在这一时期往往以自我为中心的倾向明显，意志力薄弱，不能控制自己的欲望。首先，父母应该认识到这一现象是儿童道德发展中的普遍现象，不用过度紧张，更不可采用体罚的方式进行干预。其次，父母应该找到问题的关键，对症下药。

教子有方小课堂

1. 善用绘本讲述诚信故事

学前期孩子的主要思维模式是具体形象思维，其思维离不开具体形象的事物，因此，家长可以利用绘本、故事等形式向孩子讲述诚信的意义，在孩子的意识里种下诚信的种子。

2. 规定“事件”而非“时间”

在本文的例子中，虽然规定了看电视30分钟，但是有可能在30分钟内孩子喜欢的动画片没有播放完，这时要求孩子关掉电视会非常困难。这种情况下，家长不妨换一种策略，即规定孩子在看完这个动画片之后必须关掉电视。

3. 告知不诚信的后果

培养孩子诚信意识的一个重要手段就是让孩子明白不讲诚信的后果。例如，当孩子坚持不关掉电视时，不妨告知他，如果今天多看了电视就会导致明天不能再看电视，因为今天用掉了明天的额度。而且在第二天一定要坚持这一原则，让孩子感受到对其产生的直接影响。

4. 树立良好榜样

儿童在家庭中的学习是以观察学习和模仿为主的，因此，想培养孩子的诚信意识，首先父母应该在生活中真诚待人、言行一致。答应孩子的事情一定做到，不能随意给出承诺，随意违背承诺。

5. 提出合理要求

培养孩子做一个遵守约定、信守承诺的人，家长要先尊重孩子的想法，不要提出一些孩子可能做不到或很不喜欢的要求。例如上文中的淘淘喜欢玩水，禁止淘淘玩水就是一个很难做到的要求。家长不妨在特定的时间内允许其在特定的场所玩，并告诉孩子不能再采用欺骗的方式。

第四节　培养孩子的自理能力

3 ~ 6 岁是幼儿成长的关键期，也是其良好个性品格和生活卫生习惯养成的关键时期。幼儿的生活自理行为是幼儿适应社会的重要前提，该行为的发展将对幼儿良好的生活习惯和学习品质的养成产生重大影响。家庭是幼儿生活的最主要场所，幼儿约有87%的时间在家庭中度过，那么父母能否有意识地锻炼孩子的自理能力就显得尤其重要。

开学后的一个中午，孩子们开始用餐了，李老师一如既往地在旁边走来走去，观察孩子们吃午餐的情况。大多数孩子都吃得津津有味，只有小宇虽然手里拿着勺子，但碗里的饭一点儿都没动。李老师走过去问："小宇，你怎么不吃饭呀？"听老师这么一说，小宇象征性地用勺子往嘴里送了一小口饭。

过了许久，大多数孩子都吃完了，搬着小椅子到外面自由活动去了，只有少数几位孩子还没吃完，其中包括小宇。

于是，李老师就想去一个个催一下，没想到走到小宇身边一看，碗里还是满满一碗饭，几乎没动过，李老师问道："小宇，你怎么还是满满一碗饭，一点儿都没动呀？"小宇低着头轻声地说："我不想吃了，在家都是奶奶喂我的。"

午睡时间到了，只见孩子们都忙着脱自己的衣服和裤子准备睡觉，只有小宇站在那里东看看西看看，身上的衣服一件也没脱。于是，李老师走过去对小宇说："小宇，快脱衣服准备睡觉了。"

过了一会儿，小朋友们都睡下了，老师开始巡查，结果发现小宇一件衣服也没脱，还是像刚才一样，就问小宇："你怎么一件衣服也没脱就睡觉了？老师刚才不是说了，要把衣服脱了再睡吗？"

“我刚才是想脱，但我脱不下来……我不会脱。”小宇嘟囔着说。

“那你平时在家是怎么脱的？”老师紧接着问。

“平时都是奶奶帮我脱衣服的。”

“那穿衣服呢？”

“也是奶奶帮我穿的。”

孩子的自理能力与家长有着直接的关系。许多家长以“孩子年龄小”“孩子的主要任务是学习”等为由不让孩子做家务，认为孩子“长大了，自然就会具有自理能力”“只要学习好就行了，做家务耽误学习”，从而忽视了做家务对孩子品德发展的积极作用。孩子从做自己的事情开始，逐渐扩展到为家人做事，不仅能让孩子理解家人的辛苦，还能让孩子感受到为家人出一份力的幸福感，从而懂得尊重家人的劳动成果，并学会承担责任。

教子有方小课堂

1. 让孩子做力所能及的家务

家长让孩子做的家务应该符合其年龄特点，不要给孩子分配太难、太复杂的家务。可以让 3 ~ 6 岁的孩子做简单的家务，比如叠衣服、洗手绢、饭前分筷子、饭后擦桌子等。这些事情对孩子来说，既有趣又简单，孩子也会乐在其中。

2. 适当降低标准

做家务的积极性比做家务本身更重要。让孩子做家务时，家长可以适当降低标准，如果手绢洗得不够干净，桌子擦得不够亮，不要批评孩子。这会打击孩子的积极性，伤害他们的自尊心。家长可以给孩子更多的时间和机会去尝试，让他们在锻炼中越做越好。

3. 鼓励和肯定孩子

幼儿很注重别人的评价。家长的鼓励和肯定会让孩子感受到被认可和获得成就感，使他们更愿意从事家务劳动。因此，家长不要吝惜自己的表扬，即使孩子做得并不完美，也要肯定他们付出的努力。

4. 游戏引导

幼儿往往喜欢通过游戏进行学习，因此家长可以用游戏化的形式与孩子交流，对一些家务劳动进行游戏化处理，把洗手、穿鞋、收拾玩具等内容编成不同形式的游戏，使孩子在轻松有趣的游戏活动中主动参与。让孩子在一种游戏的氛围中锻炼自理的能力，然后再帮助孩子迁移运用到实际生活中。

第五节 培养孩子的分享品质

分享行为是衡量幼儿亲社会行为的重要内容之一，对幼儿的发展有着十分重要的意义。有研究证明，在分享方面做得比较好的孩子，往往也能在解决社会性问题、帮助他人等方面做得更好。幼儿的分享行为有助于其结交更多的伙伴，为以后进入学校和社会做好准备。幼儿只有首先在家庭中学会和家人进行分享，才有可能在幼儿园中与小朋友进行分享。因此，家庭是培养孩子分享品质的第一责任人。

莉莉是个5岁的小女孩，父母经常试探她大不大方，有时就会跟她要吃的东西。莉莉每次都给，可是大人并不是真要。有时父母为了培养莉莉的分享精神，遇到好吃的东西，都要她先给爷爷、奶奶、姥姥、姥爷等家里的长辈每人分一份，结果常常是长辈们谁都不吃，都夸孩子懂事、大方。这样做的结果是莉莉很愿意把自己的东西送给家里的长辈，这样既能得到夸奖，自己的零食又一点儿也没少。

有一天，家里来了客人。妈妈说道："莉莉，快把你的薯片拿出来，分给叔叔和阿姨吃。"莉莉立刻高高兴兴地给大家分薯片吃。客人直夸莉莉懂事、大方，莉莉很高兴。当她把薯片送给阿姨时，阿姨表示感谢，又把薯片还给了莉莉，可是和阿姨一起来的叔叔却吃了下去。莉莉一看，生气地说："你怎么这么馋，吃了我的薯片！"把客人弄得非常尴尬。

如果经常让孩子吃"独食"，或者把大的、多的给他，时间一长，在孩子的头脑中就会形成这样一个观念：凡是好吃的东西或者大的、多的，都是给他的，自己理应受到优待。一旦得不到，孩子就会无理取闹，甚至会酿成不良的后果。而在上文的例子中，家长虽然关注到了培养孩子的分享意识，但是由于实际操作上的“漏洞”，孩子掌握了规律，只是想获得表扬而非真正分享，这对于分享意识的培养不但无利，甚至有害。这意味着家长在培养孩子的分享意识时不能简单地停留在语言上，更应该让孩子体会到分享的快乐和意义。

教子有方小课堂

1. 让孩子体验到分享的快乐

比如在孩子过生日的时候，让他自己把蛋糕送给同伴和幼儿园里的老师，让大家一起分享蛋糕，唱生日歌。这样，每次“小寿星”为大家分生日蛋糕，都会成为小朋友共同期待的时刻，孩子也会逐渐在这样的分享活动中体会到由分享带来的快乐。

2. 使用绘本故事讲述分享的意义

孩子常常是通过观察和模仿来学习的。因此，文学作品中的适当正面形象最有利于孩子分享品质的培养。例如，故事《金色的房子》中的小姑娘因为自私而失去了朋友从而变得孤独，当她与小动物们分享她的漂亮的金色房子时，她又得到了朋友。大人可以充分描述小姑娘自私行为导致的孤独感及与人分享时的满足、快乐感，进而让孩子产生共鸣。

3. 强化幼儿的分享行为

家长在生活中一旦发现孩子的分享行为，应该立即给予鼓励和表扬，帮助孩子能够在各种情况下不断地、自觉地产生分享的动机和行为。但是，需要注意正面强化的关键是行为本身，而不是孩子本人，这样孩子才能形成积极的分享行为，而不是单纯的行为重复和简单模仿。尤其应该避免对“虚假分享”的强化。

4. 运用移情训练法

让孩子站在他人的立场上考虑问题，感受他人的情感，从而形成积极的情感分享体验。例如，当孩子坚持不把玩具分享给小伙伴时，父母可以和孩子一起讨论：“如果你的小伙伴在玩一个玩具，而不与你分享时，你的感受是什么样的?”通过这样的训练帮助孩子摆脱以自我为中心，增强共情和分享意识。

5. 注重父母的榜样作用

父母在家庭生活中应该以身作则，与孩子和其他家庭成员主动分享，这种分享不限于物质层面，也应该包括心情和感受等精神层面。在分享之后应该着重描述分享后的喜悦心情，让孩子逐渐产生共鸣。

第六节　培养孩子的同情心

同情心在幼儿心理发展中具有重要作用，是儿童社会性品质中最为重要的品质之一，是其他一些重要社会性品质及亲社会行为的基础。在很多家庭中，家长的溺爱导致孩子以自我为中心，过分关注自我世界，对他人世界关注不足，尤其是独生子女，缺乏同情心。幼儿期是个体情感发展的关键时期，其认知能力特别是观点采择能力在这一时期得到迅速发展。如果家长在这一时期有目的、有意识地培养孩子的同情心，将会收到显著的效果。

故事一　莉莉从幼儿园回家后对妈妈说："我们今天在假山上玩的时候，发现了一只死了的小刺猬，特别可怜，老师说肯定是烧树叶的时候烧死的。小刺猬多疼啊！我们班很多小朋友都哭了，老师和我们一起把小刺猬埋了。"

"那你哭了吗？"妈妈故意问她。

"我没哭出来。"莉莉看着妈妈，有些不好意思地说。

"没关系，你难受就说明你有同情心，有同情心不一定都要哭的。"妈妈帮助莉莉校正她的想法。"你说它特别可怜，就说明你同情它。同情别人是件好事。上次你姥爷生病的时候，你不是把你的好吃的给姥爷吃了吗？这说明你是一个有同情心的孩子。"莉莉听了妈妈的话，若有所思地点了点头。

故事二　幼儿园里，下午自由活动的时间到了，有的孩子在玩小火车，有的孩子在拍皮球，有的孩子在看植物园里的花草，有的孩子在看饲养角里的小鸡，突然鹏鹏大喊："王老师，不得了了，坤坤把小鸡捏死了。"王老师和孩子们都跑了过来，发现坤坤不仅不内疚，反而是一副很了不起的样子。孩子们纷纷指责坤坤："坤坤太坏了，把小鸡捏死了。""小鸡真可怜，我们应该保护它。它跟我们一样是一条生命啊。"

放学后，王老师和坤坤的妈妈说了这件事情，坤坤的妈妈说："这个孩子太坏了，我在家不知道打过他多少次。他太调皮了，我真是拿他没办法。在家里，坤坤做错了事我就是狠狠地打，看我今天回去怎么收拾他……"

两个故事一正一反地反映了孩子在同情心水平上的差异。故事一中的莉莉可以从自身的体验出发感受小刺猬的痛苦，这种体验对孩子的同情心的培养是不能忽视的。同时，妈妈及时对莉莉的同情心给予了鼓励和肯定。而故事二中的坤坤则表现出对小动物的残忍，反映出坤坤并不能理解除自己以外的他人的感受。而且从坤坤妈妈的话语中我们可以看出，坤坤生活在一个严厉的家庭环境中，妈妈往往依靠体罚对坤坤进行管教。有研究表明，过于严苛的管教方式会导致孩子不能理解和体会他人的感受，同时在生活中也会更倾向于使用暴力解决问题，从而阻碍儿童同情心的发展。

教子有方小课堂

1. 在与动物的相处中培养孩子的同情心

上文中的例子都说明，与动物的相处可以反映出孩子的同情心，因此，家长可以把孩子与动物之间的互动作为培养孩子同情心的机会。孩子和动物有着天然的亲近的本能，家长只要正确地引导，让孩子与小动物和谐相处，就可以让孩子建立起对小动物的爱心，这种爱心就是培养同情心的基础。在随后的生活中，孩子往往可以将这种情感迁移到对社会、对他人的关爱上。

2. 通过理解别人的情绪培养同情心

培养孩子的同情心，家长应当从教会孩子对他人的情绪表现正确理解着手。要在活动中多采用直观生动的手段使孩子习得并理解他人的情绪；培养活动要多采用直观、生动的形式，如运用声音、表情、动作和行为图片等，教会孩子识别和理解他人的情绪，并通过富有情绪色彩的小故事引导孩子理解不同情境中人物的角色和情绪表现。

3. 重视家庭环境的创设

家长要注重家庭环境的创设。家庭成员之间矛盾越少，家庭氛围越融洽，幼儿的同情心发展就越好；相反，家庭成员之间关系紧张，家长习惯使用体罚等，则会对孩子的同情心发展造成不利影响。

4. 用故事向孩子传达同情心

孩子对机械的说教并不感兴趣，也不理解，而故事中的情感体验则更适合孩子的理解。用故事和图画吸引孩子的注意力，再与孩子一起体会故事中的情感。在孩子能用语言表达感情时，家长就应该鼓励孩子将听故事的感受表达出来。

第二章　科学指导学习

第一节　让孩子在游戏中成长

游戏是学前期幼儿的基本活动，也是深受儿童喜爱的一种活动形式。

儿童游戏的种类繁多，按照游戏进行的目的分类，可分为创造性游戏、教学性游戏、活动性游戏；按儿童认知发展水平分类，可分为感觉机能性游戏、象征性游戏、结构性游戏和规则性游戏；按社会化程度的水平分类，可分为无所用心的行为、旁观者行为、单独一人的游戏、平行游戏、联合游戏和合作游戏。

游戏在学前期幼儿的心理发展中起着重要作用。首先，游戏可以推动孩子认知的发展，允许孩子自由地探索各种物体，解决问题。其次，游戏可以推动孩子社会能力的发展，尤其是在象征性游戏中，孩子学会了解别人，还可实践一下自己想要担任的角色。最后，游戏还可以使孩子解决一些情绪上的问题，学会处理焦虑和内心的冲突。

总而言之，无论从何种角度或观点出发，作为学前期幼儿的主导活动，游戏对孩子发展的意义重大，理应得到广大家长的重视。

一一4岁了。一个人的时候，一一喜欢和自己的洋娃娃玩“过家家”游戏。游戏里，洋娃娃是“一一”，自己则是“一一妈妈”。“一一妈妈”会给“一一”穿上各种漂亮衣服、喂她吃饭喝水，就像真的一一妈妈对待一一那样。

囡囡是一一的好朋友，两个人住在同一个小区，又是幼儿园的同班同学。课余时间，有时两个人会在一起玩，“过家家”游戏当然少不了。囡囡也有自己的洋娃娃“囡囡”，也会在游戏中扮演“囡囡妈妈”。两位“妈妈”在游戏中互相合作，把两个“孩子”照顾得很好。每次，一一和囡囡都能玩得不亦乐乎，两个人的关系也变得越来越好。

自从囡囡妈妈给囡囡报了英语班，囡囡就很少再来找一一一起玩“过家家”游戏了。一一妈妈一方面也在考虑是否要给一一报学习班，另一方面也发现了一一身上的可喜变化——一一开始懂得妈妈的辛苦，变得更加懂事，语言表达能力也明显提高不少。经过一段时间的观察，一一妈妈认为正是“过家家”游戏教会了一一这些，因此也打消了给一一报学习班的念头。在她看来，“游戏”就是教会孩子学习的最好的老师。

学前期幼儿的认知处于前运算阶段，其语言已经有很大发展，形象思维占主导地位。思维中的形象是对外界事物的表征，表明儿童已经获得符号功能，能以假想的情境和行为反映客观事物或主观愿望。于是，孩子具有了象征性游戏的能力。其中，以角色游戏为主要形式的象征性游戏构成了整个幼儿期的主要游戏类型。

故事中提到的“过家家”游戏就是典型的象征性游戏。一一通过将自己代入“妈妈”这一角色，实现了认知、语言及社交等方面能力的提升。家长们应该看到，对于儿童来说，游戏不仅仅是单纯的玩而已，更是他们获得各项能力的重要途径，承载了儿童的学习职能。善用游戏对儿童进行教育，不但能够让孩子收获知识和技能，同时也能拉近家长与孩子的关系，对建立良好的亲子关系具有促进作用。

教子有方小课堂

儿童游戏的类型丰富多样，家长可根据不同的需求选择不同的游戏对孩子进行教育。

1. 室内游戏

随着社会的发展，可供学前期幼儿选择的玩具品类众多，难免令家长有眼花缭乱之感。对于玩具的选择，家长可根据孩子的具体年龄，挑选适合的玩具。假装游戏、积木游戏和棋牌游戏等都是适合这一年龄段儿童的游戏。这些游戏可以培养孩子各方面的认知能力，同时也可以帮助孩子形成规则意识。

另外，一些玩具既适合孩子独自玩耍，也适合孩子与他人共同玩耍。家长可以通过玩玩具的形式与孩子进行亲子互动，同龄伙伴间通过玩玩具的互动也可以增进关系，从而提高孩子的社会交往能力。

除了以玩具作为游戏的载体之外，也可以引导孩子进行其他互动形式的亲子游戏，如钻山洞、手影游戏等。

2. 户外游戏

在进行丢手绢、老鹰捉小鸡等传统户外游戏之余，家长还应适当带领孩子走进自然。如到海边玩沙、玩水等，既强健了孩子的体魄，也培养了孩子探索自然的能力，让孩子在愉快的户外游戏中开阔视野、学习知识。

户外游戏也包括运动类的游戏。运动类游戏中则包含很多竞赛性的活动，在这类游戏中，儿童同样可以逐步建立规则意识，学会如何与人相处。需要注意的是，学前期幼儿的身体正在发育中，切忌对孩子的体能进行过度开发，这反而会影响孩子的正常身体发育。

最后需要指出的是，当孩子专注玩游戏时，家长不要轻易打扰。因为当孩子在做一件他们觉得有趣的事时，注意力时长就会增加。如果家长过去打扰，那么孩子就无法顺畅地完成一个完整的任务，与此同时，他们原本可以慢慢增加的注意力时长就会被中断。

第二节　儿童早期阅读能力的培养

阅读能力是一个综合的概念，它包括了幼儿阅读的动机、阅读兴趣、语言能力、认知能力、个性、社会性及审美能力等各方面的能力。缺乏阅读能力，将会阻碍和抑制大脑的极其细微的连接性纤维的可塑性，使它们不能保证神经元之间的联系。谁不善于阅读，他就不善于思考。可以说，阅读能力对孩子的终身发展具有十分重要的作用。

学前期是儿童早期阅读能力培养的关键时期。通过早期阅读，孩子不仅可以感受语言的丰富和优美，还可以在阅读中学到知识和技能。因此，家长应该多形式、多渠道地对孩子开展有效的早期阅读教育，培养孩子良好的阅读习惯，促进孩子早期阅读能力的发展，使孩子能够在接受系统的、科学的、完整的早期阅读训练的同时，切实感受到阅读的乐趣。

阅读对孩子能力发展具有重要意义，家长应积极开展亲子阅读，让亲子阅读架起亲子互动、共同成长的桥梁。

4 岁的君君特别喜欢听妈妈给自己讲绘本故事，同一个故事总是要听很多遍才肯罢休。经常是妈妈刚刚讲完一遍，君君马上就要求妈妈再讲一遍，有时同一个故事要讲五六遍甚至十多遍。

对于君君来说，一个听过很多遍的故事仍然具有巨大的吸引力，这令妈妈既惊奇又担心。惊奇的是孩子每次都有着旺盛的精力和强烈的好奇心，担心的是孩子总像没听过似的一遍又一遍地听同一个故事，是不是记忆力不好的表现？出于这种担心，妈妈开始有意识地让君君尝试复述故事的内容，结果发现虽然君君年纪还小也不识字，但对讲过的故事都很有印象，时间久了也能将故事复述个大概。

妈妈还发现，对于自己还不熟悉的新故事，君君能够自主看图并编排故事，这让妈妈感到十分惊喜！

此后，每当妈妈为君君买了新的绘本，都会让君君自己先看、先讲一遍，并对君君理解的故事进行主动引导，随后再不厌其烦地一遍遍地为君君讲绘本故事。在讲故事的过程中，妈妈发现自己比从前更懂孩子，与孩子的关系也更加亲近了。她觉得，是绘本故事实现了自己与孩子的共同成长。

绘本也叫图画书，是一种用图画讲故事的书。绘本文字少，画面感强，主题突出且形象生动，对幼儿来说无疑是极好的读物。绘本阅读是幼儿非常喜欢的学习方式，而绘本阅读对于幼儿的阅读能力、口语表达能力、想象力与认知观察能力等的发展能起到巨大的推动作用。

学前期的孩子对于简单易懂的绘本会十分乐意重复翻阅，能够对画面进行简单描述，但如果阅读方法掌握得不好，会出现将书倒置、从后往前翻等行为。故事中的妈妈在指导孩子阅读时，有意识地先让孩子对画面进行观察并理解故事画面的内容，再尝试用语言表述简单的阅读内容。这一做法告诉我们，家长在讲述绘本的过程中，不仅要锻炼孩子的倾听能力，也要提升他们的口语表达能力，引导孩子参与其中，使绘本变“活”。而后孩子再对绘本进行反复阅读，渐渐地就可以自己讲述绘本了。

教子有方小课堂

亲子阅读是家长献给孩子最好的礼物，也是家庭教育的良方。如何让“阅读”变“悦读”，在此奉上几条“小贴士”。

1. 环境创设

美国一所大学对全球27个国家超过7万名学生的调查分析后发现，家中藏书越多的孩子接受教育的时间较没有藏书习惯的家庭的孩子要长，可见阅读习惯的确会影响日后的学习。研究人员最终得出的结论是，不管国家的经济条件、政治制度或文化如何，“阅读与教育之间紧密相连”，而且从小养成阅读习惯，的确是日后发展的基础。

基于此，在开展亲子阅读的同时，家长应当注重对阅读环境的创设。一方面家中可适当藏书，另一方面家长也应尽可能地养成阅读习惯，为孩子树立榜样。条件允许的情况下，最好给孩子创设一个独立的阅读空间，同时该空间要布置得温馨舒适，应符合孩子的年龄和喜好，从而间接激发孩子的阅读兴趣。

2. 选择适合的书籍

在书籍内容健康的基础上，家长选择书籍时要重视孩子这一阶段的兴趣。俗话说，兴趣是最好的老师，从孩子感兴趣的内容入手，更容易让孩子对阅读产生兴趣，进而更易养成阅读习惯。

另外，家长也可有意识地借助阅读对孩子进行有针对性的教育。如当父母想对孩子进行性教育又不知如何启齿时，可借助《小威向前冲》等绘本故事；当父母想对孩子进行生命教育又苦于孩子难以理解时，可借助绘本《獾的礼物》等。

3. 提高参与度

幼儿对家长讲述绘本有着浓厚的兴趣。在为孩子讲述绘本的过程中，家长和孩子的参与度都非常重要。因此，家长要根据故事的内容，声情并茂地讲述并配合身体动作，使孩子在融入绘本的过程中，感受绘本带来的快乐。可能的话，还可以借助一些道具，给予孩子更加沉浸式的阅读体验。家长在讲述的同时还可以适当地抛给孩子一些问题，让孩子在寻找答案的过程中更好地参与到亲子阅读中。

最后要强调的一点是，亲子阅读是为了培养孩子的阅读兴趣，帮助孩子养成良好的阅读习惯。在亲子阅读的过程中，孩子每次的自我肯定和突破都会让其产生愉快的情绪体验，从而对学习产生浓厚的兴趣。因此，家长在亲子阅读的过程中一定要掌握好“度”，否则只会适得其反。

第三节　呵护与引导孩子的好奇心

好奇是孩子的天性。受认知水平和能力的限制，孩子会对周围的世界充满好奇。好奇心往往能够促使孩子对某种事物、某项活动产生求知的欲望和强烈的兴趣，从而在这种欲望和兴趣的驱动下，去探究、去思考、去学习、去发现。

幼儿阶段是萌生和形成好奇心的时期，这一阶段的孩子有一种本能的“探究反射”。如果家长能够设法持续激发孩子的这种心理因素，那么将对孩子开阔眼界、丰富思想、挖掘智力潜能等大有好处。激发孩子的好奇心是一种教育艺术。正确对待孩子的好奇心，鼓励与发展孩子的好奇心，对于孩子的成长有着至关重要的作用。

20 世纪 70 年代以后，心理学专家开始提出“好奇心不仅有状态成分也有特质成分”，并经过研究得出“状态好奇心表现的是短暂的而且有变化不定的动机性质”的结论。生活中，儿童表现出来的大多就是这种状态好奇心，他们一般对某件事物所产生的好奇心比较短暂，不稳定。相对状态好奇心来说，特质好奇心则是稳定的、持久的人格特征。在儿童的学习生活中，儿童的状态好奇心起着关键的指引作用，而在儿童的成长道路上，特质好奇心则有着决定其人格和生活目标的导航作用。因此，及时对孩子加以帮助和引导，能使孩子将对事物一时的探究欲望转化为长时间的兴趣和动机，即利用儿童的好奇心唤醒儿童的内驱力。

好奇心对孩子的生活、学习、成长都具有重要意义。培养孩子的想象力和创造性思维，更需要家长对孩子的好奇心进行保护和引导。

对于安安妈妈来说，现在 4 岁半的儿子安安简直就是一个“混世魔王”。在家里，安安时常翻箱倒柜，要不就是把爸爸妈妈给自己新买的玩具拆得七零八落；吃饭时会打碎碗碟，偶尔还会撕烂爸爸妈妈带回家的工作文件。

更让安安妈妈头痛的是，安安不单在家调皮，在幼儿园也是“问题儿童”。因为安安与小朋友的摩擦，安安妈妈已经被老师叫去幼儿园好几次了。向对方家长道歉之余，令安安妈妈感到意外且欣慰的是，安安的班主任唐老师似乎对安安的调皮有不同的看法。

在唐老师看来，安安只是一个充满好奇心的孩子，他的行为本身并没有恶意，都只是他探究世界的手段而已。比如安安之所以会在幼儿园跟小朋友起冲突，是因为小朋友们认为安安爱“说谎”，身边再普通不过的东西在安安看来似乎都是那么与众不同，石头变成了“宝石”，勺子其实是有魔力的“魔法棒”。但是唐老师认为，安安并不是所谓的“谎话精”，而是因为他具有丰富的想象力。唐老师相信，只要善加引导，安安的想象力说不定可以激发出他的创造力，帮助他更好地学习和成长。

安安妈妈听从了唐老师的建议，开始注意培养安安的好奇心和想象力。她会给安安讲一些优美的童话故事、神话传说和科幻故事，还让安安爸爸带着安安一起玩玩具，陪他一起拆卸和安装。渐渐地，安安变得更加专注了，兴趣爱好也越来越多。安安真的成为一个爱学习的孩子了，在他看来，学习真是一件有趣的事呀！

探索世界是来自进化的天性，不仅能够帮助孩子快速健康地成长，满足孩子探索的需求，还能让他们成长得更快，发展得更好。

因此，当孩子在家里翻箱倒柜地探索的时候，我们要做的不是禁止，而是鼓励。满足了孩子翻箱倒柜的好奇心，孩子才能在更大的天地里探索，学到更多的东西。故事中的安安就是这样一个充满好奇心的孩子，他的家长也在老师的帮助下认识到了好奇心对孩子发展的重要性，并找到了正确的对待方法。

了解孩子的好奇天性，家长可以做的首先是认同孩子的这种天生的好奇心，知晓孩子在不同的年龄阶段探索世界的方式。更重要的是，家长也需要在孩子探索的过程中，帮助他们学会怎样发展这些探索世界的能力，并学会在探索的过程中控制自己的一些行为。

教子有方小课堂

在日常的生活和学习中，激发孩子的好奇心是让其轻松接受新鲜事物和学习新知识的一种不可缺少的方法和手段。

1. 正确对待孩子的提问

家长要重视孩子提出的一切问题。孩子的发问虽然天真、幼稚，却往往深藏着想象和思维的火种，家长应千方百计给予适当的答复。当家长一时不能回答时，也要请其他人帮助或借助书籍寻找答案。此外，家长还要善于向孩子提出适合其心理发展水平的问题，这样能够使孩子从成人的问题中受到启发、产生联想。可见，家长的发问会成为激发幼儿好奇心的动力。

2. 观察孩子的兴趣

孩子对自己感兴趣的某一类事物更容易产生好奇心。家长可以观察孩子的兴趣，投其所好。同时，引导孩子去做自己感兴趣的事，这样可以让孩子感受到成人对其好奇心的肯定与支持，从而有利于孩子对自己好奇心的肯定和继续发展。

3. 给孩子留下足够的想象空间

家长在培养孩子的好奇心时，还可以利用“跳一跳摘苹果”的教育方法。假如所有的事物，孩子都可以一眼看到底，那就没有想象的空间，更不会让孩子产生好奇心。所以要让孩子“跳一跳摘苹果”，给孩子留下充分的想象空间，培养孩子的好奇心。

好奇心对孩子的创造性思维发展具有重要作用，是其创造性思维的原动力。好奇心是创造过程的基础，好奇心越强，就越有创造性。历史已经证明，即使是浅薄的好奇心也可以发展为富于创造性的思想。因此，家长要对孩子的好奇心进行积极的培养，学会呵护孩子的好奇心，让好奇心成为孩子成长的内在动力。

第四节　实施家庭美育，激发孩子的艺术兴趣

家庭美育是家庭教育的重要内容，是由父母或其他家庭成员按照一定的社会要求，通过言传身教和环境陶冶等途径，为培养和发展孩子感受美、鉴赏美、表现美和创造美的能力而施以一定教育影

响的实践活动。艺术活动是家庭美育的重要载体，家长应善用艺术活动激发孩子的艺术兴趣，培养孩子的创造力。

家长在教育孩子的过程中，应当注意培养孩子的创造力，特别是利用孩子喜欢的艺术活动，如音乐、画画、舞蹈等活动更好地启发孩子，使他们思维活跃、想象丰富、富有创造力。

在音乐氛围中成长的孩子，能更好地感受和理解音乐优美、崇高的情感特征；美术是一种造型艺术，美术作品色彩协调、线条清晰、形象生动，有助于锻炼孩子的视觉，又能够发展孩子的观察力和艺术想象力；舞蹈动作优美，富有表情和节奏感，可以培养孩子对形体美的认识和韵律感……

大自然也是家长对孩子进行美育取之不尽的丰富源泉。大自然以其博大的胸怀向我们展示无垠的天空、澎湃的大海、逶迤的山峦、奔腾的江河、万紫千红的花草树木。朝霞、落日、白云、星空都会引起孩子关于美的想象，昆虫、飞鸟、游鱼、蝴蝶对孩子都有极大的吸引力，瑰丽的色彩、生动的形态、动听的天籁、神奇的变化会使孩子感受到美。

家长应善于用孩子的眼光看待他们的世界，善待每个孩子的艺术喜好，并给予真诚热情的评价，让孩子在感受家长的爱意和期待中爱上艺术，让孩子稚嫩的想象力和创造力伴随着他们年龄的增长而不断地发展。

月月从小就表现出对艺术的浓厚兴趣。刚会走路时，月月就喜欢跟着音乐的节奏摆动身体，而且节奏掌握得非常准确。大一些之后，月月又爱上了画画，经常用彩色蜡笔在家里到处乱画。

起初，月月妈妈也觉得头痛，后来在幼儿园老师的建议下，月月妈妈在家里特别设置了涂鸦墙。从此，月月就将对绘画的热情倾注在这面墙上，时常用画笔在涂鸦墙上表现自己的艺术想象。

爸爸妈妈对月月的艺术兴趣表示支持，尤其是曾经梦想当钢琴家的月月爸爸，在月月 5 岁时还给她请了钢琴老师。但是月月似乎并不喜欢弹钢琴，原来她喜欢的是舞蹈，她喜欢穿上漂亮的芭蕾舞裙随着音乐翩翩起舞……月月妈妈得知后，与月月爸爸进行了沟通，并最终决定让月月改学喜欢的舞蹈。

现在的月月和以前一样爱画画，也爱舞蹈，而且也更爱笑了。

故事中的月月是一个对艺术充满兴趣的小女孩，并且表现出了一定的艺术天赋。对于月月的艺术兴趣，父母有积极的做法也有不甚恰当的表现：妈妈尊重月月的艺术兴趣，没有因为她的胡乱涂鸦进行指责，而是设法进行引导，这是鼓励孩子进行艺术创作的正确做法；爸爸误解了月月对音乐的喜爱，先入为主地将自己对钢琴的梦想强加在月月身上，这是不可取的做法。好在月月的家长没有忽视与孩子的交流，在听取了孩子的真实意愿后及时进行了调整。

生活中，家长要学会观察和发现孩子的艺术兴趣，并努力做到尊重，进而为发展孩子的艺术兴趣提供支持。

教子有方小课堂

家长应当怎样在生活中培养孩子的艺术兴趣?

1. 注意观察孩子的艺术兴趣

由于个体的差异性，不同的孩子对事物的兴趣千差万别。家长要对孩子最初表现出的对某一事物的兴趣或某一方面的天赋加以重视，对于孩子相应的行为表现不能横加指责、盲目否定，而应细心观察，发现他们的兴趣和天赋，因势利导，因材施教，使孩子的兴趣沿着积极、健康的方向发展。

2. 尊重孩子的兴趣爱好

孩子对于“万花筒”式的大千世界，是以自己美妙、奇异的幻想去感受的，并由此对世间万物产生浓厚的兴趣。父母不能仅凭自己的爱好、按照自己的意愿对孩子加以干涉，而应尊重孩子的意愿，经常陪孩子一起进行活动，与孩子交流，发现孩子的才能和兴趣后进行正确的引导。

3. 在生活中培养孩子的艺术兴趣

孩子艺术兴趣的养成需要过程，家长不能急于求成，应注意在生活中逐渐培养。

（1）营造氛围，激发动机。如果家长想培养孩子某一方面的艺术兴趣，除了营造一种家庭的艺术氛围，使之受到潜移默化的影响外，还应把重点放在激发孩子的学习动机上。如当发现孩子对某一乐器感兴趣时，可先不急于满足孩子学习的愿望，而是先教他认识乐器并学习音乐知识，等过一段时间，孩子学习乐器的愿望越来越强烈时再满足其愿望。营造氛围、激发动机是培养孩子艺术兴趣的准备阶段，家长不可忽视。

（2）家长要努力提高自身的艺术修养。有些家长由于各种原因错过了学习的机会，因此不愿孩子也像自己一样缺乏艺术修养，便想方设法培养孩子的艺术兴趣。这固然是必要的，但家长自身的艺术修养对培养孩子的艺术兴趣也有着重要影响。父母是孩子的一面镜子。家长的一言一行都将化成涓涓细流，一点一滴渗入孩子的心灵，成为培养孩子艺术兴趣的催化剂。

（3）家长要善于对孩子进行表扬和鼓励。无论孩子表现得多么笨拙，无论他们把事情做得多么糟糕，家长都不要责备，而应耐心引导，给予孩子关心和鼓励，保护和激发孩子的艺术兴趣。家长要帮助孩子增强进行艺术活动的自信心，久而久之，艺术就会成为孩子生活中必不可少的一部分。

家庭美育是一门学问，如何培养孩子的艺术兴趣、发展其个性特长是家庭美育的核心和重点内容。作为家长，必须通过不断的学习来丰富自己，努力当好孩子的艺术启蒙老师。

第五节　做好孩子入园的适应工作

集体教育可以培养孩子良好的社会适应能力，幼儿园生活无疑能够给孩子提供这样的集体教育环境。但由于家庭与幼儿园有着极大的差异，孩子在适应的过程中难免会遇到很多问题，使得上幼儿园变成家长和孩子的一大压力来源。因此，家长应在孩子入园前尽可能地做好准备，帮助孩子更好地适应幼儿园生活。

导致孩子入园困难的心理原因主要有以下几种：孩子离开家长会产生失落感，离开熟悉的环境也会让孩子产生焦虑；无法适应集体生活，包括不懂规则、自理能力不足等情况；跟不上集体进度，自信心受挫；人际交往困难，交不到朋友或与小朋友起冲突等。

针对以上情况，家长可以对症下药：家长应告知孩子，去幼儿园和大人上班一样，是必须做的事情，让孩子知晓集体生活的必要性。同时，送孩子去幼儿园时，耐心告诉孩子，放学时父母会接他回家，给予孩子心理上的安全感；积极与老师及孩子沟通，了解孩子在幼儿园的学习进度，适当引导和帮助孩子适应幼儿园生活；与老师合作，对孩子的进步及时进行鼓励和表扬，帮助孩子树立自信心；可向老师求助，帮孩子先寻找合适的朋友交往。

点点3岁时便被父母送至一家私立幼儿园，但由于点点身体不适休学半年多。重新入园时，父母决定将点点送到离家更近的一所公立幼儿园上学。点点上的私立幼儿园实行的是小班教学制，一名教师专门负责两三名幼儿；公立幼儿园里，每个班的学生较多，导致点点出现了适应困难的问题。

发现点点抗拒上幼儿园后，点点妈妈及时向孩子询问了原因，并积极与幼儿园的老师进行沟通。老师则积极配合解决点点的问题，平时主动关注点点的表现情况并及时反馈给家长，同时与家长共同探讨解决方案。在家长与老师的努力配合之下，点点取得了明显进步，也逐渐感受到新幼儿园带给自己的乐趣，重新爱上了幼儿园的集体生活。

出现问题后，点点妈妈第一时间了解孩子的想法和感受，这是很有必要的。在发现无法满足孩子的愿望后，点点的妈妈又及时与幼儿园老师进行了交流和沟通，取得了老师的支持和帮助，这一点同样值得肯定。家长要对幼儿园有信心，相信老师有办法安慰孩子、解决孩子的问题。同时，家长应积极配合老师的工作，对老师反映的情况要重视。

教子有方小课堂

为了让幼儿更好地适应幼儿园环境，家长要积极做好准备工作。

1. 物品准备

（1）名字贴。家长应在孩子的物品上贴好名字，以免其他孩子或老师无意中拿错了。

（2）背包。家长要为孩子准备好小背包，并在里面放好换洗衣服、毛巾等。

（3）衣服、鞋袜、毛巾。家长可为孩子多准备几套衣服、鞋袜、毛巾，放在幼儿园备用，以便出现突发情况时更换。

（4）床品。家长可根据老师的要求，对孩子的床品进行统一采购或自行购买。

（5）玩具。有的幼儿园会允许孩子带一个自己熟悉的玩具缓解分离焦虑，建议家长为孩子带一个大小适中、安全性高的非电子类玩具，同时告诉孩子只能在老师允许的时间内使用。

2. 生活准备

（1）训练孩子学会自己吃饭、喝水。由于老师需要照顾的孩子较多，因此家长最好提前训练孩子学会独立吃饭、喝水，让孩子能更好地照顾自己。

（2）训练如厕。家长要训练孩子如厕，教孩子学会主动表达，告知老师自己有如厕需要，不要等憋不住了才说。另外，家长还要帮助孩子养成饭前、便后洗手的习惯。

（3）练习穿衣、穿鞋。家长要为孩子提供穿脱方便的衣服、鞋子，教会孩子分辨衣物的前后，再尝试教孩子穿脱衣服、扣扣子等。

（4）习惯独立入睡。家长要有意识地培养孩子养成自主入睡的习惯，帮助孩子更好地适应入园后的午睡。

（5）养成规律作息。家长要了解幼儿园的作息安排，帮助孩子调整生物钟，养成早睡早起、定点午睡的习惯。

（6）特殊需求。如果孩子有特殊需求，如对某些食物过敏等，家长要第一时间告知老师。

3. 社交准备

（1）清楚表达需求。家长可引导孩子在出现饿了、渴了、想上厕所、身体不适等情况时主动告诉家人，借此训练孩子在入园后也能自然地向老师表达自己的意愿。

（2）学会倾听。倾听是社交的重要因素，家长要引导孩子学会倾听，教会孩子在幼儿园里认真倾听老师和小朋友说话。

（3）学会与小伙伴玩耍。家长可利用节假日时间带孩子走出家门，约上好友一起带娃聚餐、游戏等，为孩子创造认识朋友、与小伙伴一起玩耍的机会，帮助孩子逐渐学会如何与人交往和相处，从而为孩子入园后的社交做好准备。

4. 心理准备

（1）提前了解幼儿园。入园前，家长可带孩子提前去幼儿园逛逛，让孩子了解环境，观察其他小朋友在幼儿园的活动情况，减轻孩子入园时的陌生感。

（2）阅读相关绘本。家长可以挑选关于幼儿园生活的绘本，给孩子讲幼儿园的有趣故事，缓解孩子的入园焦虑。

（3）模拟幼儿园场景。家长可以带孩子在家进行角色游戏，模拟幼儿园生活，让孩子提前感受幼儿园的各种情景。

（4）正向激励。家长不要对孩子的适应能力、人际交往、独立性等情况过于担忧，要相信孩子并多用正向词语描述幼儿园，通过正向激励让孩子觉得入园是一件快乐的事。

当家长为幼儿入园做足准备后，孩子在最初的幼儿园生活中也许仍会有哭泣等不适反应。对此，家长不要气馁，请用爱陪伴孩子迎接新挑战，相信不久就会收获惊喜。

第六节　做好孩子幼小衔接的准备工作

学前期儿童为了能从即将开始的正规学校教育中受益，需要具备各种关键特征或基础条件。在这一阶段，孩子要经历各种变化，如学会与同伴、老师相处，遵守各种规章制度和纪律，合理安排自己的学习和业余时间等。在这样烦琐的变化过程中，如果没有做好入学前的准备，将会给孩子日后在小学的学习、生活带来困难。

孩子的入学准备需要有家长的参与才能更好地完成。家长的种种焦虑情绪往往会不经意间投射在孩子身上，成为孩子健康发展的桎梏，给孩子带去压力。因此，家长要学会缓解育儿焦虑，成为孩子成长的导师和良伴，在孩子的教育中发挥积极作用。

首先，家长要树立科学的育儿观。年轻的父母越来越重视孩子的教育问题，急于寻求对各类育儿知识的学习。这种学习除了教育方法和手段，还应包括幼儿身心发展的特点及规律。对此，家长应通过积极参与幼儿园的各项活动、配合幼儿园的家长工作，认识孩子、解读孩子、读懂孩子，并能对各类育儿理论有自己的甄别和判断，树立科学的育儿观。

其次，家长要探索适合自己的育儿方法。每个生命个体的萌发和成长都有其周期和过程，父母首先应尊重孩子的年龄特点，理解这个年龄段孩子的学习方式和特点，关注自己孩子的兴趣指向和性格变化，重视有效陪伴与游戏的价值。与其拔苗助长，不如为孩子提供宽松的空间和丰富的玩具材料，支持孩子在游戏和生活实践中通过直接感知、实际操作和亲身体验获取经验，完成学习。

再次，家长要重视在各类活动中培养孩子的良好习惯，及时肯定孩子表现出的优秀品质，满足孩子自我学习和自我肯定的需求。面对其他孩子的突出表现，不要盲目攀比。家长需要认同孩子的独特性，接纳孩子的不完美，真正全身心参与到孩子的成长过程之中，体会和感受孩子的成长和发展带来的惊喜。

最后，家长要学会摆正心态，自我调适。面对孩子成长中出现的各种问题，生活负担重、工作压力大的家长，有时容易出现情绪失控、行为失当的情况，这种状态会破坏亲子关系，对孩子的身心健康造成不可逆转的影响。因此，作为父母，要不断提升自我修养，尽量不要将生活和工作中的情绪带到与孩子的相处之中，而是智慧地解决孩子成长中的问题。

6岁的圆圆马上就要上小学了。随着入学的日子越来越近，圆圆妈妈的担心也与日俱增。她发现圆圆这一年越来越在意“第一名”这件事，什么都要争当班里的第一名。未来进入小学，随着学业任务的增加，圆圆对第一名的执着必然会冲击她的自信心。想到这里，妈妈不免有些担忧。

关于孩子的这个问题，圆圆妈妈和圆圆爸爸进行了沟通。圆圆爸爸表现得比较乐观，他认为孩子有竞争意识不一定是坏事，适当的竞争可以让孩子变得更好。而且圆圆争第一的问题还没有发展得很严重，并没有影响正常生活，只要加以引导，一定能够控制在正常范围，并且还能变成孩子上进的动力。

两个人针对圆圆争第一的问题积极寻求解决办法，比如有意识地引导和教育圆圆争第一要讲究规则：只要努力了，没有得到第一名也没关系；对于不利于身心健康的第一名不争也罢……渐渐地，圆圆似乎没有那么在意“第一名”了，圆圆妈妈悬着的心终于放了下来。

圆圆的父母面对孩子的问题能积极寻求解决办法并取得了一定的成效，这些都是可取的部分。除了故事中提到的方法之外，家长还可以合理利用赞扬来帮助孩子建立自信。孩子获得“第一名”后，家长对孩子的引导和夸奖很关键也很重要。如果家长只是泛泛地夸孩子“你真棒！下次还要得第一名”等，其实是在间接地给孩子施加压力，给孩子造成下次不得第一名就不棒了、爸爸妈妈会失望的印象，而压力会削弱孩子的动力。对此，家长应侧重从“敢于尝试”“讲究策略”“充分准备”等方面给予孩子正能量，让孩子感觉只要肯努力，一切皆有可能。

教子有方小课堂

1. 学具准备

家长应尽量给孩子选择安全实用、轻便简约的学具。样式新奇、颜色鲜艳的学具会分散孩子的注意力，影响孩子在校的学习生活。如：文具盒的功能不必太多，不要选择金属材质，以免摔碰时发出声响；铅笔削好后套上笔帽，并在铅笔末端贴上孩子的名字等。

2. 生理准备

（1）调整作息。帮助孩子养成早睡早起的习惯，保证充足的睡眠。

（2）吃好早餐。早餐要健康营养，让孩子吃饱、吃好，为上午的学习提供体能保障。

（3）学会自理。与幼儿园生活相比，小学生活需要孩子具备更加完善的自理能力。家长要注意培养孩子的自理能力，教会孩子独立整理书包、收拾文具、系鞋带等。

3. 心理准备

（1）熟悉环境。从幼儿园到小学，孩子的学校环境又一次发生变化。为了帮助孩子更好更快地适应，家长可提前带孩子熟悉学校环境，告知孩子教室、卫生间、接送点等重要地点的位置，并对孩子讲解相关注意事项。

（2）做好沟通。家长可以跟孩子讲讲自己上学时的经历，用童年趣事减轻孩子的焦虑感，同时将可能遇到的困难及解决办法教给孩子。在孩子入学初期，家长尤其需要多与孩子沟通，以便及时发现问题、解决问题，避免孩子产生厌学情绪。

（3）培养学习习惯。家长应尽量为孩子创设一个独立的学习环境，并注意培养孩子的书写习惯、阅读习惯等。家长要尽可能地以身作则，而不是简单粗暴地训斥孩子。

（4）培养卫生习惯。帮助孩子养成良好的卫生习惯，并教会孩子做好基本的个人防护。教育孩子注重个人卫生的同时也要爱护公共环境。

（5）培养规则意识。将基本的规则告诉孩子，如上课不随意走动、不大声喧哗，下课时间去厕所，上下楼梯靠右走等。

（6）培养安全意识。教导孩子注重个人和他人的安全，如课间不追逐打闹、不爬高等。教孩子遇到问题要第一时间向老师反映，及时寻求帮助。

第三章　关注身心健康

第一节　培养孩子良好的卫生习惯

学前期幼儿正处于身心迅速生长发育和发展的时期，各方面的机能尚未成熟，对外界的适应能力差，免疫能力较弱。触觉是幼儿认识周围世界的重要途径，他们喜欢用手触摸一切新鲜的事物。但由于幼儿大多缺乏一定的自我保护意识，很容易在不小心的时候让病菌进入身体。因此，帮助幼儿养成良好的卫生习惯，有利于促进幼儿的生长发育，提高幼儿的健康水平和生活质量。

不良的卫生习惯不仅对幼儿的身体健康有一定影响，也会在一定程度上限制幼儿的人际交往。例如，幼儿可能是病菌的传播者，如果没有良好的卫生习惯，很容易将病菌传染给他人，给他人造成困扰。

因此，家长要重视幼儿卫生习惯的培养，帮助幼儿树立正确的卫生观念，养成良好的卫生习惯。

有报纸曾报道过这样一条新闻。

6 岁的小杰总觉得眼睛痒，于是他就用手去揉眼睛。让父亲赵先生惊讶的是：小杰揉着眼睛，突然从眼睛里面掉出了几条白色的条状物，掉到地上还会动。仔细一看，这些条状物竟然是虫子。被吓坏了的赵先生赶紧将孩子送到医院。医生检查发现，小杰双眼眼球的结膜里竟然有线状虫体，小虫呈乳白色，长约1厘米。这种小虫就是儿童体内常见的寄生虫——蛲虫。

医生介绍说，蛲虫虫卵常黏附在肛门周围，而小杰很可能是大便之后没有洗手，用黏着虫卵的脏手擦眼睛时，将虫卵带进了眼内。虫卵在眼睛里成为成虫后，便在里面肆意游动。通常情况下，蛲虫一般寄生在人体肠腔内，可造成肠黏膜损伤，轻度感染无明显症状，重度感染可引起营养不良和代谢紊乱。蛲虫寄生在眼睛里，会引起结膜炎，严重的可能损伤视神经导致失明。

医生特别提醒家长，平时一定要注意督促孩子养成饭前便后洗手、不吃生冷食物等卫生习惯。

生活中，很多孩子没有勤洗手的卫生习惯。造成这一情况的原因有很多：有的幼儿受认知水平的影响，认为“手看着不脏，就是真的不脏”，不需要洗手；有的孩子觉得洗手是件很麻烦的事情，偷懒不愿做；有的则是因为家长溺爱，大事小情都采取包揽的态度，导致孩子不会主动洗手。案例中，小杰没有养成便后洗手的习惯，便后直接用脏手去揉眼睛，导致将寄生虫卵带入眼内。

中国儿科学用“小儿脏腑娇嫩，行气未充，是稚阳稚阴之体”“寒暖不能自调，乳食不知自节”来概括幼儿抵抗力差、生活自理能力不强、易生病的特点。教给幼儿正确的生活方式、帮助他们养成良好的卫生习惯、保持身体的健康，是身为父母的责任。

教子有方小课堂

有良好卫生习惯的孩子，能够减少被病毒、细菌感染的机会，不容易生病；头发衣着整洁，在礼仪上也展现了对他人的尊重。家长要营造一个有利于良好卫生习惯养成的氛围，帮孩子养成良好的卫生习惯，为其健康成长奠定坚实的基础。

1. 榜样示范，以身作则

父母是孩子的第一位老师，孩子总是喜欢有意无意间学习父母的样子。作为父母，首先应注意自己的行为，做好表率。要注意家庭环境的美化，让良好的卫生习惯成为家庭活动的一部分。孩子在家长良好行为潜移默化的影响下，自然也会形成好的习惯。

另外，故事、诗歌、歌曲、影视作品中的艺术形象也有很强的榜样性和感染力。父母要注重引导孩子接触优秀的艺术作品，通过这些具体的形象来培养孩子良好的卫生习惯。

2. 丰富形式，科学解答

家长可以结合孩子的兴趣，采用讲故事、读绘本、看图片、学儿歌、画漫画等方式，用孩子看得懂的、易理解的方式普及相对复杂的知识，使孩子对卫生习惯形成直观的印象。

游戏是培养孩子知、情、意、行的重要方式。孩子在游戏活动中，可以通过扮演角色与假想的各种人物交往，理解行为准则。家长要充分利用游戏形式，将卫生习惯养成融入其中。

3. 制定规则，及时监督

家长要给孩子制定严格而具体的卫生规则，并向孩子说明这些规则的意义。幼儿的自控能力和意志力相对较弱，家长可以将规则贴在醒目之处，时刻监督孩子去遵守。如果发现孩子敷衍了事，要给予适当惩罚。

4. 反复练习，持之以恒

孩子良好卫生习惯的养成不是一朝一夕就能完成的，而是一个循序渐进的过程。父母可以与孩子共同商讨养成某个习惯的步骤，引导孩子反复练习，逐步养成良好的卫生习惯。

第二节　关注孩子的营养健康

儿童的生长发育需要不断地从外界摄取各种营养素，这是生长发育的物质基础。学前期孩子正处于健康成长和快速发育的黄金时期和关键阶段。孩子在这个阶段的生长发育速度仍处于较高水平，其活动能力大幅提高，大脑和身体器官的生长速度也明显加快，这时的营养状况对孩子的健康可产生深远的影响。此时孩子的生活自理能力不断提高，自主性、好奇心、学习能力和模仿能力增强，是培养良好饮食习惯的重要阶段。

培养孩子良好的饮食习惯、提供足量且均衡的营养物质，能促进孩子的生长发育，相反则会影响发育，甚至导致疾病。

童童快6岁了。因父母工作比较忙，日常主要是奶奶照顾童童。在老人的观念里，小孩子就该是“白白胖胖的”，一定要让自家的大孙子吃不愁、喝不愁。从1岁半能和大人吃相同的饭菜开始，童童从来没让家人操心过饮食问题。本身胃口就好，加上奶奶的特别关爱，童童总是吃得比其他同龄的孩子多很多。一顿午饭，他甚至能吃完一盒薯条、两份汉堡包、一个9寸的比萨以及喝两三杯可乐。而且童童偏爱高糖高热量的食物，蔬菜水果虽然也吃，但吃得不太多。眼看到了上小学的年龄，童童的父母突然意识到孩子100斤是不是有些胖了，和其他孩子在一起，童童简直就是个“小肉墩”，这样上学后会不会被其他小朋友笑话？而且最近电视里经常有儿童肥胖症的新闻，童童是不是也得病了呢？

伴随着儿童的不断成长，他们能接触到的不健康食品越来越多。有些家长对孩子溺爱，没有及时干预孩子对不健康饮食的摄入，导致儿童肥胖问题越来越严重。很多家长可能会觉得孩子胖胖的代表身体好，其实不然。一些含糖含油量高的零食吃下去，看着吃得挺饱，孩子也确实胖了，但是吃下去的基本上都是碳水化合物，很容易导致孩子长成“小胖墩”。

孩子的肥胖，对其生长发育会产生很大的影响。有研究显示，肥胖儿童更容易患脂肪肝、高血压、冠心病等疾病。儿童肥胖还会导致脂肪代谢异常、糖代谢异常，这些都是儿童糖尿病的早期表现。此外，肥胖对于儿童心理也会产生很大的影响，肥胖儿童的患病危险因素也会延续至成年期。

除了肥胖，因为缺乏某种必需的微量营养素而使机体处于饥饿状态的“隐性饥饿”也应该引起家长们的广泛关注。营养不良的出现，并非来自食物的匮乏，而往往是健康膳食的缺乏。挑食、偏食甚至厌食的不良习惯都会影响儿童的营养摄入，导致儿童营养不均衡。

教子有方小课堂

孩子的营养健康会对其生长发育产生重要影响，因此家长要提高对孩子营养健康问题的关注度。很多家长认为自己很重视孩子的营养，实际上却存在一些知识误区，如过分追求所谓“高营养”，却不注重食物的合理搭配及营养的均衡。那么具体应该如何做呢，家长可以从以下几个方面考虑：

1. 为孩子树立正确的榜样

研究表明，父母的不良饮食结构及生活习惯会直接影响幼儿的行为。有人说，父母是孩子肥胖控制的第一责任人，这并不是没有道理的。家长应该以身作则，改变自身不良的生活方式及饮食习惯，为孩子树立良好的榜样，帮助孩子养成良好的饮食习惯。

2. 合理安排膳食方案

为使孩子每天摄取足够的营养素，家长要根据孩子消化系统的特点制订合理的膳食方案，保证孩子胃肠道的正常功能，提高机体对营养的吸收和利用——每天应安排早、中、晚三次正餐，在此基础上应至少有两次加餐，上午、下午各一次。晚餐时间比较早时，可在睡前2小时安排一次非甜食类加餐。加餐以奶类、水果为主，配以少量松软面点。两次正餐之间应间隔约5小时，加餐与正餐之间应间隔约2小时，且加餐分量以不影响正餐进食量为宜。

3. 引导孩子规律就餐

为什么有的孩子喜欢一边吃饭一边玩，而有的孩子就能乖乖和家人一起进餐呢？其实这多半是家长的问题。可能起初孩子只是不想吃饭或者不太饿，但希望孩子多补充营养的家长就会用各种方法哄孩子。慢慢地，玩玩具、看电视、做游戏等都变成了吃饭的奖励，孩子养成了没有奖励就不好好吃饭的坏习惯；幼儿注意力又不易集中，这些奖励又反过来降低了孩子对事物的关注度，进一步影响进食和营养摄入。因此，家长要：

（1）尽可能给孩子提供固定的就餐座位，定量进餐。

（2）运用奖励机制，把玩耍的奖励推迟或取消，避免追着喂、边吃边玩的行为。

（3）缩短并固定合理就餐时间。如约定尽量在细嚼慢咽的基础上，30分钟内吃完。

（4）养成自主进餐习惯，增强进食兴趣。

4. 避免幼儿挑食、偏食

孩子由于自主性的萌发，对食物有不同的喜好，出现一时性挑食和偏食是正常的。此时，家长要适时、正确地加以引导和纠正，鼓励孩子选择多种食物，引导其多选择健康食物。可以通过变更烹调方法或盛放容器、重复少量供应等方式，鼓励孩子尝试并及时给予表扬。也可以把孩子喜欢吃的食物与不喜欢吃的食物结合在一起，在孩子饥饿但心情愉快的时候给他吃不喜欢的食物，给孩子讲解一些简单的营养知识，帮助他们形成良好的饮食习惯。

家长在烹调食物时，应尽可能保持食物的原汁原味，以清淡为宜，控制食盐用量，少选含盐高的腌制食品或调味品。同时，家长要帮助孩子控制零食的摄入，注意零食的食用安全。

5. 增加孩子在吃饭这件事情上的参与感

在保证安全的情况下，家长可多鼓励孩子参与家庭食物的选择和制作，帮助孩子了解食物的基本常识，增加对食物的认同感。对饭菜的控制感和参与烹调食物的乐趣，可以打消孩子对不了解的食物的焦虑感，减少对某些食物的偏见。

此外，家长应合理安排孩子多参与体育锻炼和户外活动，帮助幼儿增强体质的同时增加食欲。同时，也要保证幼儿充足的睡眠，避免睡眠不足诱发肥胖。

第三节 协助孩子进行情绪管理

情绪本身没有好坏之分，但良好情绪是良好个性的标志，也是孩子适应社会生活、顺利与人交往的条件。能够调节和管理自己的情绪对孩子的成长和发展具有重要意义。

首先，孩子的情绪状态调节着他们的心理过程。愉快的情绪使孩子愿意学习，不愉快的情绪则容易导致各种消极行为。

其次，孩子的情绪随着认知的发展而分化和发展，情绪对孩子的认知活动及其发展起着激发、促进或抑制、延迟的作用。强烈的激情状态或淡漠无情，都不利于孩子的智力探究活动，兴趣和愉快的交替才是智力活动的最佳情绪背景。

再次，情绪具有的信号作用使情绪成为交往工具，恰当的情绪能够帮助孩子适应社会及环境。

另外，情绪也会影响孩子个性的形成。5岁左右，孩子情绪的发展进入系统化阶段，情绪过程逐渐变成情绪品质。情绪的品质特征是个性特征的组成部分。早期的情绪损伤，可能导致怪僻的性格和异常行为。

5岁的丸子是一个“脾气很大”的小女孩。她只要有一点儿不开心，就会大哭大闹。丸子的爸爸妈妈从丸子未出生起，就积极地学习各种育儿知识，对丸子的行为一直持无条件包容的态度，认为孩子有情绪要发泄是正常现象。每次丸子发脾气，丸子的爸爸妈妈总是不断地询问，试图理解孩子发脾气想表达的真实意思：“你不开心了，妈妈知道，妈妈理解你。”“你是想说你想吃蛋糕吗?”“不是呀，那你是想说要自己先吃吗?”……不知道是爸爸妈妈并没有说出她负面情绪的真正缘由，还是别的什么原因，总之，丸子还是会继续哭闹，直到哭累了睡着，事情就不了了之了。

渐渐地，只要谁没顺她的心意，丸子就会选择哭闹、发脾气这种表达情绪的方式。有时爸爸妈妈也烦了，就会满足丸子的某些要求。随着年龄越来越大，丸子哭闹时也越来越大声，有时甚至哭得满脸通红，上气不接下气。而且丸子发脾气不分时间场合，导致周围的邻居苦不堪言。经常在晚上 11 点，小区里还能听见她撕心裂肺的哭声。丸子的奶奶因此和丸子的爸爸妈妈多次沟通，希望他们多为周围的人考虑一下，但丸子的妈妈总说这是孩子正常的情感宣泄，谁都有不开心的时候，不能让孩子压抑心中的情绪，要让孩子在宽容的环境中成长。

父母在养育孩子的过程中，会经历孩子各种各样的情绪问题。案例中的丸子父母避免了一些对孩子负面情绪的认识误区，没有将孩子哭闹视作父母的失败或孩子对父母的故意挑战，这是值得鼓励的。因为情绪是一种客观存在，也是一种主观体验，没有对错之分。成人能够清楚地分辨不同的情绪，但幼儿对情绪的认知、表达还在初级阶段，情绪失控是大脑还在发育的表现。当情绪到达一个爆发点时，孩子是无法听进去任何道理的。家长可以做的，可能就是等孩子冷静下来，再去跟孩子摆事实，讲道理。当孩子觉得自己的需求是被关注的，他的情绪得到了缓解后，问题也就解决了大半。

对孩子的不良情绪我们应该接受并疏导，而不是压制。但接纳孩子所有的情绪，并非接纳其情绪反应下的任何行为。父母无条件、无原则地全盘接受孩子情绪表达的方式，对孩子情绪表达的行为不加任何约束，不引导孩子调节、管理情绪，会让孩子变成情绪的“奴隶”，成为被情绪所控制的人，那么，当孩子进入社会后，往往会出现更大的问题。

杏仁核与前额叶等脑区的发育，是学前期孩子情绪调节能力发展的生理基础，孩子语言能力的发展使他们有表达情绪的可能，因此家长要把握好这段培养儿童情绪调节能力的重要时期，帮助孩子逐渐学会调节、管理情绪。

教子有方小课堂

家长可以从以下几个方面帮助孩子学会情绪管理：

1. 营造良好的情绪环境

儿童的情绪有很强的受感染性和情境性，因此家长要为孩子营造和谐的情绪氛围。父母良好情绪的示范、亲密和睦且充满积极情绪的家庭环境，更有利于孩子情绪调节能力的习得。

2. 帮助孩子认识情绪

父母要帮助孩子认识情绪，可以通过语言帮助孩子描述他的感受是何种情绪，并在这个过程中避免对孩子的情绪做评判。还可以通过绘本和贴标签的方式，帮助孩子认识各种情绪，丰富孩子的情绪词汇库，让孩子明白他的感受是生活的一部分，是有定义的、可控的。

3. 鼓励孩子适当表达情绪

家长要告诉孩子，有适当的情绪是正常的，只要恰当地表达即可。情绪表达需要后天学习，包括学习行为的界限，学习在不伤害他人、不伤害自己、不损坏财物的原则下，如何表达情绪。家长可以用非抱怨的形式表达自己的情绪，为孩子做好示范，让孩子逐渐明白该如何合理宣泄。

4. 教给孩子调节情绪的小技巧

（1）设置情绪管理角：选择一个相对私密、不被家长看到的角落，放置一些压力球、枕头等道具，让孩子发泄自己的情绪，释放内心的郁积。

（2）转移注意力：通过看电影、听音乐、玩游戏等孩子感兴趣的方式分散其注意力，使不良情绪得到适度控制。但这只是一个缓冲，待孩子情绪平稳后，家长可以与孩子讨论复盘，帮助孩子今后以更好的方式应对不良情绪。

（3）运动解压：规律的运动、丰富的生活能够释放孩子的压力，调节情绪。

（4）想象美好事物：父母可以引导孩子多关注生活中的美好事物，拍照、录像、写日记记录、存档，经常回顾这些美好的瞬间。同时鼓励孩子主动分享，感受其中的乐趣。

（5）镇静法：数数、深呼吸等。

第四节　教孩子正确处理同伴关系

同伴关系是儿童在交往过程中建立和发展起来的一种儿童间特别是同龄人间的人际关系。父母是儿童社会化的主要动因，但同伴是儿童社会化必不可少的重要因素。不同年代、不同文化背景下，儿童接触的环境有很大不同，但没有一种文化是单纯依靠成人养育儿童的。如果说父母与儿童是指导与被指导、教育与被教育的纵向关系，那么儿童与同伴则是平等的、互相教育的横向关系。摆脱对父母的依赖，走向同龄人社会是儿童社会化的一项重要内容。

同伴交往可以促进儿童社会认知和社会交往技能的发展，有利于儿童自我概念和人格的发展，有助于儿童积极情绪的产生和发展。稳定的同伴关系是满足儿童社交需要、获得社会支持和安全感的重要源泉。有研究显示，早期同伴关系不良的儿童在适应社会方面存在困难。这类儿童更容易出现逃学、孤僻、压抑或其他心理障碍，甚至有加入不良团体或犯罪等问题。可以说，同伴关系在儿童生活中起着成人无法取代的独特作用。因此，家长要积极正确引导儿童发展同伴关系。

5岁的凯凯是家里的“小皇帝”，总是很霸道，喜欢动手和小朋友打闹。有时，幼儿园的小朋友正在认真地听老师讲故事，他却突然站起来，在同学的头上拍一巴掌。老师及时制止并告诉他这样做不对，会对他人造成伤害，但凯凯不以为意。老师和他的妈妈进行沟通，凯凯的妈妈非常不好意思，说凯凯的爸爸有时会用暴力的方式对待凯凯。她回家对孩子进行了教育，但收效甚微。

一天放学，凯凯将轩轩推倒在地，还从轩轩手里抢走了老师发的小贴画。轩轩的爸爸看到后非常生气，上前大声质问凯凯：“你为什么打人？你为什么要抢轩轩的东西？你的家长呢？我倒要看看他们是怎么教孩子的！”凯凯害怕得溜进了教室，轩轩也大哭起来。后来，凯凯的妈妈来了，向轩轩的爸爸道了歉，说回家会好好“收拾”凯凯。轩轩的爸爸跟轩轩说，以后要离凯凯远一些，不要和他做朋友了。

人与人的交往首先是从家庭开始的，家长是儿童与同伴关系最早的影响者。父母的价值观念、行为方式等都会通过家庭教育传递给儿童。无论父母的关爱有多少，身边的环境里只要有暴力的因素，孩子就会接收。凯凯的爸爸如果经常使用暴力，那么凯凯也会用相同的方式对待别人。

同伴关系是幼儿最需要、最独特的关系，是建立在儿童之间的人际关系。幼儿与同伴交往的基本发展趋势是从最初简单的、零散的互动，逐渐发展成各种复杂的、交互式的交往。同伴关系建立得比较顺畅的话，就可以巩固幼儿的社会技能。也有一些孩子，由于多种原因，会受到同伴的拒绝。但无论如何，这种交往都应该也只能发生在幼儿之间。如果家长过分干预幼儿的人际交往活动，如当幼儿与同伴发生争执时，怕自己的孩子受欺负而立刻前去干涉，会剥夺幼儿与他人交往的机会，也会让孩子认为自己没有能力解决自己与同伴的冲突。

教子有方小课堂

培养幼儿同伴交往能力，可以从以下几个方面入手：

1. 正确育儿，合理教养

父母的养育态度与方法对幼儿人际交往的发展有重要影响。严格专制型的父母要求孩子无条件地服从自己，这种教养方式下长大的孩子容易对同伴表现出焦虑、严厉或喜怒无常，有时有攻击性行为。过度保护型父母养育的幼儿往往过分依赖父母，易受挫折，在人际交往中攻击性行为较多，易成为“被拒绝儿童”“受排斥儿童”。

因此，家长应该树立正确的育儿观，不能溺爱、偏袒，也不能过多干涉。要关注和尊重幼儿的需求，注重与幼儿的交流。如果幼儿犯错，家长应帮助其找到犯错误的原因，给予幼儿正面的、积极的回应，推动幼儿同伴交往能力的发展。

2. 树立榜样，以身作则

父母的行为对幼儿同伴交往能力的培养也非常重要。在家庭教育中，家长应该在言行举止、待人接物等方面为幼儿树立良好的榜样，潜移默化中让孩子懂得家人或同伴间应相互帮助、相亲相爱。有了父母良好的榜样，幼儿可以学到一些交流合作的交际技能，也会学着用同样的态度对待朋友和同伴。

3. 提供机会，鼓励交往

对儿童发展而言，同伴还可以作为一种社会模式或榜样影响儿童的行为发展。学前儿童与更为成熟的儿童一起玩，往往会更合作，更多地采用建议或请求的方式，而不是武力或其他方式。幼儿还没有足够的评价自身行为的能力，常常把同伴的行为作为衡量自己的标尺，这种比较过程也是儿童建立自我形象与自我尊重的基础。

因此，家长应多为幼儿提供适宜的环境，创设与“榜样”同伴交往的条件、提供社会交往的机会，并积极引导幼儿建立融洽的同伴关系。可以带孩子去亲戚、朋友或邻居家串门、做客，使孩子尽量多结识一些优秀的、有教养的朋友，包括异性小朋友，甚至是成人及老人等忘年朋友，让孩子在广泛交往中学到更多知识。同时，在与他人交往中体验快乐，学会合作与分享，逐步养成文明礼貌、谦虚与尊重朋友的良好品德。

需要注意的是，家长应该维护孩子与“坏”小孩交友的权利，给孩子一定的选择朋友的自由。在玩伴有不良行为时，引导孩子正确判断与处理，慢慢建立孩子自己的交往原则。

4. 游戏引导，培养技能

游戏是学前儿童的基本活动，也是培养幼儿同伴交往能力的重要途径之一。例如，爱玩乐高的孩子在一起，可能会分享一些想法、感受，还会建立同盟等，这些都能够促进幼儿同伴交往能力的提高。家长应鼓励幼儿多与同伴一起游戏、分享玩具等，在游戏中增进同伴关系，引导幼儿欣赏同伴的优点，取长补短，共同进步，提高幼儿的同伴交往能力。

此外，家长还可以结合绘本、书籍、漫画、影视剧等方式，引导幼儿学习人际交往技能。在此过程中，家长要合理控制时间，不能减少幼儿户外活动的时间；同时要注意筛选内容，一些不健康的电视节目可能导致幼儿模仿，对同伴交往产生不良影响。

第五节　我的孩子是多动症吗？

儿童多动症是注意缺陷多动障碍的简称，是儿童期常见的一类心理障碍。主要表现为与年龄和发育水平不相称的注意力集中困难和注意时间短暂、活动过度和行为冲动，常伴有学习困难、品行障碍和适应不良。儿童多动症有三个类型：注意力缺陷为主型，多动、冲动为主型以及混合型。

注意力缺陷为主型儿童不一定会有行为上的多动，基本表现为注意力分散、昏昏沉沉、爱做白日梦、脑子常常一片空白或者迷迷糊糊的，难以长时间集中在主要任务上。他们上课时容易发呆走神，在家做作业比较慢、爱拖拉，容易忘事，有一点风吹草动就会被吸引过去。

多动、冲动为主型儿童更多表现出的是行为控制和行为坚持问题，主要体现在动作的坐立不安，小动作不断，他们往往“像装了发动机一样，一刻都停不下来”，或者“像椅子上有钉子，根本坐不住，没有一刻是安静的”。而且他们有攻击性、敌对性倾向，不被同伴接纳，甚至会被学校开除或者被安排在特殊的班级里。

混合型儿童即同时有注意力缺陷和多动、冲动两种基本症状的儿童。

但是，并不是每个表现出注意力缺陷或多动、冲动行为的儿童都有多动症。大多数儿童都会犯些粗心大意的错误，忘记事情、缺乏组织性或不专心等。诊断儿童是否有多动症，是一个复杂的过程。如果孩子的确有多动症的症状，应该及时找专业医生诊断、治疗。

果果今年6岁了，他的妈妈最近总为是否带他去看医生而苦恼。果果像是有无穷的精力，总是在房间里上蹿下跳，没有一刻闲下来——不是把家里的东西撞得东倒西歪，就是在爸爸妈妈需要安静工作的时候大喊大叫；零食碎屑被他弄得满地都是，玩具也经常是玩一阵儿就不知道被丢在哪里。幼儿园放学时，老师总会向家长反映果果上课注意力不集中，在座位上扭来扭去，有时还会离开座位，在教室里乱走，和其他小朋友一起做游戏时也会捣乱。

果果妈妈一直认为果果正是调皮好动的年龄，而他这样没有“规矩”，只是家里溺爱、没有教育好的结果。她也听说过多动症，想带孩子去医院检查看看，又怕孩子真的被诊断为多动症，自己在心理上难以承受。

多动症是儿童期较常见的疾病之一。据统计，我国儿童多动症患病率为 6.26%。多动症的病因尚不清楚，但家长不能简单地将孩子的一些症状表现归因于家庭教养方式不当或者孩子“调皮”“意志力薄弱”。

学前期幼儿偶尔出现注意力不集中等行为也很正常。但对于患有多动症的儿童来说，这些症状并不会随着孩子长大而消失或者减轻，甚至可能加重，导致学业困难、交友困难及一系列生活问题。因此，当孩子出现多动症的症状，家长不要讳疾忌医，应该带孩子到专业医疗机构早诊断、早干预、早治疗。

与逐渐上升的发病率相对应的是，多动症的误诊和过度诊断案例也比较多。事实上，多动的孩子不一定是多动症。

教子有方小课堂

导致儿童出现类似多动症表现的因素有很多，我们不能仅凭主观或者片面的信息就轻易给孩子“贴标签”。对于多动症的诊断要综合医生、不同家长（有些爸爸妈妈可能意见不一致）以及老师等多方面的信息，听专业机构及专业人士的建议。

在区分孩子仅仅是好动还是多动症上，家长可以多从以下几方面进行观察：

一、多动症儿童往往是不分场合地多动和冲动。例如，在安静的教室里，多动症儿童可能无法控制自己，会突然无目的性地吵闹。好动的孩子虽然表现散漫，但在严肃陌生的环境中，会有较强的自我控制能力。

二、多动症儿童往往意志力薄弱，常常一件事情没有做完就去做另一件事情。好动的孩子虽然也有注意力不集中的表现，但他们的活动常具有一定的目的性，有计划及安排，也能够专心投入他们感兴趣的活动。如果一个 4 岁孩子看书的时候非常不专心，但可以专注玩游戏 10 分钟以上，大概率不是多动症。

三、如果一个原本正常的 6 岁男孩，在父母离异后表现出注意力分散，更可能是一种适应性反应。他可能是处在焦虑紧张状态中，并不是多动症。

多动症是一种有生物学基础的障碍。家长要把握好随便给孩子贴标签和放任孩子不管、期望症状自动消失之间的度。孩子确诊患有多动症后，家长要放松心态，积极治疗，最大限度减少疾病对孩子造成的影响。

第四章　重视安全教育

第一节　家长在孩子安全教育中的作用不可替代

安全，是人类最基础的需求之一。在保障安全的前提下，个体才有可能健康成长，发展。学前期是人一生发展中的关键时期，这一时期的幼儿在生理和心理上具有特殊的年龄特征。他们活泼好动、好奇心强、喜欢探索，但同时他们天真、单纯、缺乏生活经验、自控能力差，不知道危险是什么，更不知道如何规避危险，自我保护意识和能力不足。这些年龄特征使他们成为各种人身伤害和安全事故的高危人群，这一时期也成为人生中最容易遭受伤害的时期。家长作为孩子的监护人，是孩子安全责任的第一人，应该树立起安全教育的意识，利用一切可能的机会了解和学习有关幼儿安全方面的知识。同时，在日常生活中对孩子进行安全防护教育，有意识地增强孩子的自我保护意识和能力，让孩子知道必要的安全防护常识，学会保护自己。

一天，某派出所接到市民吴女士报警，称她 4 岁的孩子在超市走失，希望民警可以帮忙寻找。

接警后，民警迅速赶到现场，找到了报警人吴女士。吴女士表示，自己晚上带着孩子在超市购物，结账后走出超市大门，正好接到一通电话，一不留神孩子就不见了。吴女士在周边找了好几圈都没找到，无奈之下，只好报警求助。

由于担心孩子的安全，吴女士非常焦急。民警一边安慰吴女士，一边向其详细了解孩子的体貌特征、所穿衣物及走失时的具体时间和地点。了解清楚现场情况后，民警分成两组进行寻找，一组手持吴女士发来的孩子照片，在超市周边展开搜寻；另一组查看公共视频，同时在辖区微信群里发布消息，发动群众提供线索。功夫不负有心人，十多分钟后，众人在超市附近找到了孩子。随后，民警将孩子交给吴女士，并叮嘱其一定要看护好孩子，避免此类事件再次发生。

对于故事中走失的危险情境，孩子的行为反应和家长的安全教育紧密相关。家长在日常生活中对孩子有无安全教育或者安全教育的质量高低，都决定孩子在危急时刻是否能够化险为夷。孩子的人身安全很大程度上取决于家长是否足够重视安全教育，是否有足够的安全教育知识，是否能够将这些知识转换为教育行动传递给孩子。

教子有方小课堂

家长在孩子健康成长道路上的重要性不言而喻。对于孩子，家庭安全教育既要考虑生理安全，又不可忽略孩子的心理安全。就学前期儿童而言，家长需要重点关注以下两个方面。

1. 关注孩子的生理安全

儿童生理安全教育是安全教育的基础，其目标是提高儿童对意外伤害和安全事故的防范意识，培养儿童规避危险的行为习惯，增强儿童自我保护能力。根据调查，家庭中最常见的安全事故包括：摔伤、烫伤、运动器械致伤和尖锐物品戳伤、把小物体放到嘴里或塞到身体的其他部位里、将绳子或危险物套在脖子上玩等。同时，触电、食物或药品中毒、破损玩具致伤、拥挤致伤、动物咬伤、体罚致伤、走失、被拐、交通事故、溺水等安全事故也占有一定的比例。家长在开展自我保护教育的过程中，不仅要让孩子了解生活中的一些安全常识，尽可能避免身体受到伤害，还要帮助孩子提高应对危险的能力，让孩子学会在遭遇危险时如何反应以获得救助。

2. 关注孩子的心理安全

心理安全需求伴随人的一生，特别是婴幼儿时期的需求如果得到满足，将对孩子的心理发展、人格完善产生重要的作用。心理学家认为，幼儿早期的经历非常重要，很多人成年期的心理问题都可以追溯到童年早期所遭受的挫折或心理创伤。幼儿心理安全需求的满足，一方面离不开家庭、幼儿园和社区对幼儿心理安全环境的创设，家庭的和谐氛围与良好的教养方式，幼儿园老师专业性的培育方式及和蔼可亲的态度；另一方面，则需要加强针对幼儿的心理安全教育。相对于生理安全教育，人们对幼儿心理安全教育的认识和重视程度是不充分的。幼儿心理安全教育是幼儿心理健康教育的一个重要环节。心理安全教育重在预防，其目标应包括预防幼儿可能出现的心理危机，增强幼儿应对心理创伤及挫折的能力，预防及解决幼儿心理、行为问题，使其人格及行为健全发展。幼儿心理安全教育的主要内容应包括入园焦虑的应对方法、初步的挫折应对及情绪调节方法、性别角色认同、幼儿生命教育以及针对特殊幼儿的个体心理辅导等。

第二节　家庭内部环境的安全教育

家庭是人最熟悉、最舒适的环境，也正是因为这个原因，才容易使人放松警惕。很多安全事故的发生正是由于麻痹放松、疏忽大意，因此，家长更要绷紧“安全警惕”这根弦，有意识地从家庭内部环境开始对孩子进行自我安全保护教育，逐渐培养孩子的自我保护能力。《3～6岁儿童学习与发展指南》要求家长应该“帮助幼儿提高自我保护能力，形成使其终身受益的生活能力和文明的生活方式”。学前期孩子的学习有其特殊的规律，家长应根据这一时期孩子的特点，既要在生活实践中抓住孩子自我保护学习的重要时机，更要在日常生活中实际锻炼。正如蒙台梭利所说：“我听过了，我就忘了；我看见了，我就记得了；我做过了，我就理解了。”

“孩子将玉米粒误塞入鼻孔，急求医生救治！”一天晚上，某社区在职党员群组内，社区干部李晓珍发出一条紧急求助信息。原来，该社区某户居民家3岁的孩子因顽皮，误将玉米粒塞入鼻孔，结果越掏越深，情况十分危急。

因处于“疫情”防控的特殊时期，家长立即联系社区干部李晓珍求助，李晓珍遂在社区党员群发布求助信息。两名医生看到消息后马上回应，火速做好防护出发协助救治，并让家长先安抚孩子的情绪，再用胡椒等刺激性调料引起喷嚏，让异物随着气流“喷”出来。家长立即按照医嘱尝试。孩子在打出一个大喷嚏后顺利喷出玉米粒，脱离危险。

幼儿好奇心强，天生好动，家长在看护时应格外注意，切莫因疏忽而出现危险。如果遭遇故事中的异物塞鼻孔这种情况，家长应沉稳冷静，先安抚孩子，再尝试用打喷嚏的方法使其喷出，切忌用手去掏，必要时应立即就医。如果没有相关的专业知识储备，应立即前往医院或者求助专业人员。

教子有方小课堂

家是孩子的主要生活场所，但家中潜伏着很多危险，比如水、电、煤气、尖锐的物品等，如果不及时对孩子进行正确的引导和教育，就有可能酿成悲剧。家长在家庭环境中的安全教育可以采用以下策略：

首先，家长应该创设安全的家庭环境。儿童的认知水平、自我保护意识和能力都比较弱，家长不要把年幼的孩子独自留在家里。刀、玻璃瓶、药物等比较危险的物品，不要放在孩子容易拿到的地方；开关、插座不要暴露在外，应使用儿童防护盖；家具的桌角等尖锐处可以贴上防撞角、防撞条；住在高层，窗户要加防护栏和围栏……

其次，运用替代性强化教育。观察模仿是儿童的主要学习方式，替代性强化是另一种重要的学习方式，主要指儿童通过他人的例子及后果来规范自身的行为。学前期幼儿的学习方式是以直接经验为基础的，他们通过直接感知、亲身体验、实际操作来学习。单纯地讲道理、说教、恐吓并不能起到良好的教育效果。例如，家长可以给孩子看火的场景视频照片、安全防火的资料，让孩子看到危险行为带来的严重后果，从而受到教育，不再做危险的活动。

最后，家庭环境的安全营造除了“硬环境”外，还应营造家庭安全“软环境”。所谓“软安全”是指一个家庭的生活方式、生活习惯、家庭氛围等共同营造的心理环境。家长要打造温馨、和谐、民主、平等的家庭关系和家庭氛围，如果父母或者其他家庭成员之间经常吵闹、指责、谩骂甚至是大打出手，或者是冷漠、敌对甚至家庭冷暴力，在孩子心灵深处就会留下伤痕。长期生活在这样的家庭环境中，会影响孩子的心理健康甚至是人格健全发展。因此，家长要积极创建温馨、活泼、乐观的家庭氛围，增强家庭的凝聚力。

第三节　公共环境的安全教育

公共安全教育的主要内容包括预防和应对社会安全类事故、公共卫生事故、意外伤害事故、自然灾害以及影响孩子安全的其他事件。重点是帮助和引导孩子了解基本的保护自己生命的安全知识，形成安全意识，学会正确处理个人生命与他人、社会和自然之间的关系，了解保障安全的方法并掌握一定的技能。家长应该帮助孩子了解社会安全类事故的危险和危害、了解并遵守各种公共场所活动的安全常识等，逐步形成孩子基本的自我保护意识。

暑期，王奶奶驾驶电动车带着孙子小杰，二人都没有佩戴安全头盔，当行至某街道路口时，因闯红灯被一辆左转车辆撞翻。最终，电动车驾驶人被判主责。当时，王奶奶看到指示灯快要变了，心急的她选择加速通过，结果闯了红灯。此时，相对方向左转的机动车也开始行驶，两辆车发生碰撞，奶奶摔下电动车，小杰也被撞得飞出去好几米。

接到报警后，民警立即赶到现场，将受伤的王奶奶和小杰送往医院救治。经医院诊断，王奶奶和小杰均无生命危险，只是全身多处被擦伤。随后，民警通过询问当事人，并调取路口的监控，还原了事故发生经过。最终，民警判定闯红灯的电动车驾驶人负事故主要责任，小轿车驾驶人负事故次要责任。

每年的寒暑假期间，儿童的安全问题尤其要引起重视。家长是孩子交通安全的第一责任人。家长一定要警惕，不要让自己的交通陋习及违法行为给孩子带来不良影响，造成不可挽回的损失。同时，带孩子外出购物、玩耍时，务必要细心照看好孩子，乘坐各类电梯、自动扶梯时更要特别注意，出现突发状况，可第一时间按下扶梯停止按钮，并拨打 119 向消防部门报警求助。

教子有方小课堂

除了家庭环境之外，户外、小区、幼儿园、超市等公共场所也是孩子主要的活动空间，在公共环境下的安全教育也应引起重视。

首先，家长要让孩子逐渐掌握公共环境的安全知识。孩子的健康安全防护具体体现在衣、食、住、行、游、教、医、保等方面。公共场所的安全主要涉及行、游、教、保。

“行”主要指出行安全问题，如交通安全、车上防扒、路上防抢等。培养孩子的交通安全意识，家长应学习道路交通法的相关内容，了解道路交通安全常识，初步识别各种危险标志，教会孩子“一看，二慢，三通过”。一看，看看是否绿灯；二慢，看看两边是否有车；三通过，快速通过马路。

“游”主要指旅游安全问题，如携带一些常用药品，备好防雨、防晒、防寒等工具和衣物，及时告知家人或朋友自己的行踪信息等；出游时为孩子佩戴具有定位功能的儿童手表或其他定位工具；带领孩子学习使用电梯、索道、游乐设施等特种设备的安全常识。告诉孩子，外出时不要离开成人的视线范围单独乱跑。教会孩子户外走失的求救方法，比如向警察叔叔求助，学会正确使用和拨打110、119、120电话等。

“教”主要指孩子在幼儿园学习时需注意的安全与健康问题，如遵守安全法律规章制度、不伤害他人等。

“保”泛指一切有利于保障儿童安全、健康的投资活动。如体检、意外保险、专用安全设施设备购置等，还包括一些家庭保健性活动。

其次，当孩子处于危险情境时，切忌大声斥责。当孩子做出可能危及自身生命安全的行为时，家长不要大声呵斥，因为有时家长的呵斥甚至比危险行为本身更让孩子感到害怕，容易加剧危险的发生。有的家长看到孩子在玩危险物品或者从事危险的活动，比如玩刀具、捅开关、站在高处摇摇欲坠等，出于担心和本能的反应，往往会大喝一声：“赶快下来！”“不可以玩！”但此时孩子还沉浸在自己的世界中，很可能被家长的大声呵斥惊吓到，发生危险。如果发现危险的苗头，家长应保持冷静，尽量给孩子下达简短的指令，先让孩子远离危险，再进行教育。

最后，让孩子亲身体验公共环境的安全教育。相对于单纯的说教、警告，让孩子亲身体验是最有说服力的方式。家长给孩子看看被大火烧焦的房子，经常给孩子讲述一些危险事故的案例，进行安全演习等，能让孩子切身感受，体验学习。家长还可以通过绘本阅读等方式渗透安全教育。

第四节　灾难情境下的安全教育

自然带给人类享用的资源，但同时也带来了难以抵抗的各种灾害，如地震、洪水、泥石流、台风、海啸等。自然灾害所造成的破坏通常是毁灭性的，但并不等于人类在灾难降临时就要坐以待毙。家长要帮助孩子了解家庭所在地区和生活环境中可能发生的自然灾害及其危险性，和孩子一起学习躲避自然灾害的简单方法，学会在自然灾害发生时进行自我保护的简单技能。

2021 年 7 月 20 日下午，暴雨狂袭郑州。一位外婆发现天气不对，立即驱车前往幼儿园，把外孙和外孙女接回家。没几分钟的时间，洪水灌满街道，车子被冲到道路正中，熄了火。这时，洪水已经没过车门，车门无法打开。车里的两个小朋友害怕极了。

外婆镇定地说："宝贝儿，我们在玩一个洪水大冒险游戏，不要担心，很快就会有人来帮我们的。"然后，外婆拿起手机，拨打给孩子的妈妈杨女士。听到母亲冷静的叙述，杨女士立即拨打了报警电话，但没有打通。由于突发事件剧增，信号线路已堵塞。杨女士无法赶赴现场，而自己的母亲和两个孩子已陷入孤立无援的境地，她必须在这种情况下，营救母亲和孩子脱险。

首先，杨女士告诉自己要冷静，只有保持头脑冷静，才能想出解决的办法。然后，她与被困在车里的母亲通话，让母亲报出自己确切的位置，并仔细观察四周情况。母亲一边平静地安抚两个孩子，一边报出周围店铺的名字：一家便利店、一家宾馆，还有一家面馆。接着，杨女士上网搜索，最先找到的是便利店老板卢先生的电话。杨女士拨通电话，请求对方去车里救人。接下来，杨女士发微信朋友圈，叙述情况，呼吁在车子附近的人，帮忙营救自己的母亲和孩子。

求救信号已经发出。便利店老板接到杨女士的请求电话时，正在几千米之外的地方抢险救人。他立即拨打便利店旁边的宾馆电话，把救人任务传递下去。此时，宾馆里的两名保安得知消息后，急忙冲出，涉水而行。一名保安先爬上了车，拿菜刀朝车子的前挡风玻璃敲了几下，然后放弃了。一是敲不动；二是虽然洪水差不多已经将车淹没，但车中灌水不多，如果敲开前挡风玻璃，洪水疾灌而入，车里的两个孩子反而会有危险。另一名保安爬到车顶，试图敲开天窗但仍无效果，营救任务面临着失败的可能。此时，附近面馆的老板听到了呼救声。他拿起家里的大铁锤冲入风雨中。他先用铁锤在汽车的后挡风玻璃上凿出一个小洞，而后绕到汽车的左后方，对着车窗猛砸了三下，车窗终于被砸开。有人递过来一只桶，大家把孩子放入桶中，护送到安全的地方。孩子的外婆也得救了。

营救任务终于完成了。

这个故事来源于一个真实的事件。故事中，孩子的外婆的冷静，是营救成功的第一个要素。她成功地安抚了女儿和孩子，以不可思议的冷静，配合车外的营救。而孩子的妈妈和便利店老板的智慧传递，是营救成功的第二个要素。这位妈妈临危不乱，处变不惊，只是用一部手机，就发动了周边的营救力量。此外，一众营救者的善行义举，成就了故事的圆满结局。在这个真实事例中，孩子的妈妈以冷静和智慧，于绝境中发动社会救援，救出了自己的至亲。对于家庭安全教育来说，其中是否有可以被复制学习的地方呢？

教子有方小课堂

家长要通过灾害教育，增加孩子对各种灾害的了解，使其正确认识灾害，从而对灾害的防治做好心理准备。此外，灾害教育还能使孩子更好地理解生命，从而热爱生命，珍惜生命。

首先，家庭灾害教育能否开展，关键在于家长是否具有灾害教育的意识以及防灾减灾的知识和技能。因此，家长要积极参与到幼儿园、社区的防灾教育中，主动提升防灾素养，学习灾害教育理论知识，提高自身应对灾害的能力。只有这样，才能更好地培养孩子的灾害意识和防灾避险的能力。

其次，家庭灾害教育应生动有趣，能够吸引孩子的注意力，使孩子能够更好地掌握有关灾害的知识，以及防灾减灾的方法和技能。可以分主题地安排，或者以游戏的方式开展灾害教育。对于孩子来说，游戏是他们的重要生活方式，以游戏的方式开展有利于提高灾害教育的效果。比如，家长可以和孩子一起读防灾歌谣，让孩子更好地掌握灾害知识。家长还可以通过儿童防灾动画视频、绘本等，让孩子了解灾害的相关知识和应对灾害的方法和技能。

最后，在家庭中开展灾害模拟演练。通过模拟演练可以增强孩子防灾避险的能力，提高孩子的自我保护能力。如家长可以和孩子定期进行地震演习，实施“趴下、掩护、原地等待”的步骤。还可以定期进行火灾演习，让孩子用湿毛巾、口罩等捂住口鼻，弯腰、低头从家中消防楼梯撤离。也可以准备一个家庭应急用品箱，放入压缩食品、组合工具、毯子或睡袋、灭火器、手电筒等以备不时之需。

第五节　建立孩子人际安全教育的“警报系统”

心理学将人际关系定义为人与人在交往中建立的直接的心理上的联系，儿童与他人人际交往中存在有关安全的事项统称为人际安全。人际安全是人类生存的基本需要，是儿童初步参与社会的基础，对人的心理健康发展和完善人格的形成起着至关重要的作用。孩子也存在一些人际安全隐患，包括孩子因为与幼儿园伙伴交往不善、沟通不当遭遇冲突暴力，以及孩子因为缺乏安全意识而被拐骗等潜在风险。

小军今年5岁了，是个非常老实的孩子，在学校就遭到了几个顽皮孩子的“霸凌”。一天，小军放学回家的时候，小军的妈妈吴女士发现孩子的身上、脸上有被抓挠的痕迹，很是心疼，便耐心问了经过，小军一五一十说了。

看着这些抓痕，吴女士心里很不是滋味，谁家的孩子都是捧在手里的，哪能容忍别人这么欺负。于是吴女士趁送小军上幼儿园的时候，找到了欺负小军的几个男孩子。她跟几个小男孩好好沟通了一番，很快几个小男孩就承认了欺负小军的事实。小军妈妈把对话录了下来，然后直接找到对方家长，拿出录音，并让家长看了小军的伤势。几位家长无话可说了，自己家孩子都承认了，眼前的小男孩确实被抓伤了。

“下不为例。希望你们也回去好好管教孩子，如果再有下一次，我绝对不会这么轻易了事。谁家孩子都是心肝宝贝，请你们换位思考一下。”小军妈妈认真地说。这件事就这么悄无声息地过去了，几个男孩子也没有再欺负过小军，想来是回家被批评教育了。

吴女士并没有就此罢休。她吸取教训，带着小军加强运动，还给小军报了跆拳道的班，让小军学一些防身的手段，并告诉小军：“我们不去欺负别人，但是不可以让别人欺负自己。”

如果孩子遭受霸凌，家长千万不能妥协，首先要安慰孩子，鼓励孩子说出事情的经过，切不可简单粗暴地处理，否则会给孩子带来心理阴影，这种阴影将会伴随孩子的一生。除了要解决对方的问题，家长还要从孩子自身出发，找到孩子被欺凌的原因，对症下药，帮孩子解决自身问题。另外，每个孩子都要强身健体，学会自我保护，当遭受霸凌的时候，如果没有反抗的机会，能够暂时逃脱也是一种自我保护。

教子有方小课堂

1. 加强孩子和同龄人交往的欺凌安全防范教育

幼儿和同龄伙伴交往时，家长在让孩子懂得谦让、分享的同时，也要让孩子明确自己的合理权益也应得到维护。在现实中，往往有些小朋友因为被抢玩具，被拒绝，被孤立而表现出畏缩、躲避、害怕跟人接触、爱哭等行为，家长更应该积极鼓励孩子在“被欺负”时，勇敢说不。

家长可以选择性地给孩子讲一些幼儿被欺凌伤害的案例，让这些事件对孩子有一个警醒的作用。平时可以让孩子进行一些跆拳道、散打之类的训练强身健体。家长平时也要多和老师联系、沟通，及时了解孩子在幼儿园的情况，给足孩子安全感和信任感，让孩子在事情发生后能第一时间告知家长。家长也应多关注孩子从幼儿园回家后的日常表现，例如身体是否有伤痕、孩子是否表现出不想去幼儿园或怕上幼儿园的情绪。

2. 加强儿童防拐安全教育

家长应教会孩子一些基本的防拐知识。如告诉孩子，不要吃陌生人的东西，不要随意与陌生人说话；教会孩子四个自救技能：记住自家所在的城市、小区、门牌号；记住父母的名字、电话；学会拨打紧急求助电话：急救120，报警110，火警119；记住可求助对象，例如有孩子的父母、身穿制服的群体、学生、商场统一着装的人。

家长也可以和孩子进行防拐测试，趁机教孩子防拐骗的方法。例如：当有陌生人请你领路怎么办？有陌生人敲门怎么办？假如你独自走路，发现可疑陌生人跟踪，怎么办？此外，家长还可以把一些新闻报道上的儿童被拐骗案例讲给孩子听，考考孩子是怎么想的，再帮孩子具体分析，将孩子好的想法加以肯定，不对的想法顺势指出为什么不对，正确的应该怎么做，增强孩子防拐防骗的意识和能力。

第五章　提高媒介素养

第一节　让孩子远离暴力动画

有科学家做过一个实验，把两组小孩随机分配到两个屋子里。一组看暴力打斗的动画，一组看没有暴力画面的动画。在孩子看完后，看暴力动画的那一组孩子会出现撕扯玩具、互相打斗的行为，而另一组则没有。从以上的实验可以看出，暴力动画对孩子的心理影响很大，一些血腥暴力的动画镜头可能会吸引孩子去效仿。学前期孩子毕竟还小，认知功能发育不完善，没有自主的批判力，无法判断一些暴力行为是对还是不对的，也无法意识到这些行为可能会带来的危害，因此，就可能会受动画片里人物言行的影响，从而出现暴力行为。

目前我国流行的动画片，尤其是引进自欧美和日本等国家的动画片，有一部分具有暴力倾向。这种具有暴力倾向的动画片的传播，对儿童的社会心理和社会行为产生了较大的影响，使得他们日常生活中的暴力倾向明显增强。因此，家长应在孩子心智还不成熟、社会阅历还不够丰富的时候，陪伴引导他们观看有正能量的、有教育意义的动画片，让孩子远离暴力动画。

2016年，陕西一个5岁的小女孩和10岁的姐姐在院子里玩耍。姐姐模仿动画片《喜羊羊与灰太狼》里的灰太狼翻出了一把电锯，学着灰太狼向妹妹脸上锯了过去，妹妹的鼻子和右脸都被锯开。

2014年，江苏一个2岁半的男孩，模仿动画片《熊出没》里的光头强，用斧头将自己的两根手指砍伤。

2013年，江苏8岁的冉冉和5岁的浩浩，与同村的9岁同伴顺顺一起玩耍。三人一时兴起，便模仿《喜羊羊与灰太狼》中的剧情，玩起“绑架烤羊”的游戏。冉冉和浩浩被绑在树上，顺顺点燃了树下的叶子。由于风的助力，火势一下子不可控制，两个孩子被严重烧伤：冉冉全身烧伤面积达40%，而浩浩全身烧伤面积竟达到了80%。

近年来，由于孩子模仿动画片中的暴力行为引发的悲剧时有发生。尤其是年龄较小的孩子，可能分不清现实与游戏，将动画片中的暴力行为向现实生活延伸，甚至暴力伤人。长期观看具有暴力行为的动画片会改变一部分孩子对暴力行为的看法，一种是产生暴力倾向，另一种是长期接受“熏陶”后对血腥暴力的场面麻木不仁，从而酿成悲剧。

教子有方小课堂

有些家长觉得动画片就是适合孩子看的，并没有关注孩子看的具体是什么内容的动画片。学前期幼儿模仿能力强，孩子更容易模仿动画片中的行为，甚至内心也易受到影响，从而使性格变得粗暴。就此问题而言，家长需要重点关注以下四个方面。

1. 慎重筛选动画片

孩子们看动画片时，父母除了平时留意陪伴、经常指导，还需要留意那些动画片里有明确的“请勿模仿”字眼的动画片。正因为有暴力或不适合孩子的内容，所以才标这样的字眼，但其实这四个字对孩子几乎没有阻止作用，学前期幼儿认字不多，他们大多看不懂这四个字。孩子的注意力被惊险画面吸引了，哪里会留意旁边有没有字。因此建议父母看到播放过程中有“请勿模仿”字眼的动画片时，尽量谨慎选择。

2. 教育孩子要采取友好行为

在孩子们的日常行为表达方面，父母要引导孩子跟他人相处时，采用“多动口，少动手”的原则，尽量用语言表达想法。遇到需要动作表达的，也不要用暴力或不适合的动作冒犯别人。要告诉孩子，动画里的行为和现实中的是不一样的，现实世界里的暴力行为是要承担法律责任的，如果模仿动画片里的行为和小朋友打闹，是很容易伤到别人的。

3. 陪孩子一起观看并讲解

家长应陪伴孩子一起观看动画片，并对其中的一些情节、镜头进行讲解，教会孩子辨别故事与真实的区别。同时，和孩子一起观看动画片还会增进亲子关系。家长还可以结合动画片里的某些情节进行品德、习惯等教育，有助于孩子理解并真正内化于心、外化于行。

4. 加强生命教育

生命教育是儿童教育的重要内容。直面生命和生死问题，让孩子正确对待生命，对孩子的成长至关重要。家长可以从两个方面实施生命教育。一方面，要让孩子正确认识自己。知道“我是在家人的呵护下出生和成长的”“我是独一无二的”“我有优点也有不足”“我会高兴、会生气、会伤心、会沮丧”……只有正确认识自己，才能正确对待自己。另一方面，要让孩子了解他人。让孩子知道还有许多与自己不同的人，他们有自己的想法、要求和特点。让孩子通过认识他人进一步了解自己，认识到他人有与自己一样的地方，也有与自己不同的地方，世界就是由各种各样的人组成的，每个人身上都有值得学习的优点，要学会尊重他人、善待他人。

第二节　预防孩子看电视成瘾

一项针对学前期孩子所做的研究显示，孩子每天多看一小时电视，在 7 岁时产生专注问题的风险就增加一成。专注问题包括焦躁不安、难以专注、混乱骚动以及冲动行为。电视图像是一种直观的表现形式，很容易理解，人们只需一味地接受，而大脑不需要思考。如果孩子长时间被动接受，不思考，智力的发展就会受到阻碍。另外，看电视时，由于大脑处于放松状态，再加上舒适的环境，声、光、电的刺激很容易让孩子沉迷。习惯了屏幕观看的孩子在面对书本时就很难产生持续的注意力。因此，看电视成瘾的孩子专注力差，对单一事物特别容易感到厌烦，坐不住。这也是孩子上学后做作业拖拉、上课难以集中精神、学习效率低的重要原因。

长时间看电视还会导致视力下降和带来儿童肥胖问题。研究表明，儿童肥胖率随儿童平均每天看电视时间的延长而显著增加。如果孩子长时间坐在电视屏幕前，不跑、不跳、不伸展，也不走动，这会对孩子正在发育的身体产生极其不良的影响。

小明的妈妈下班回到家，刚一进门，就听到奶奶在抱怨，说孩子已经看了几个小时动画片，怎么劝都不愿关掉。小明的妈妈转头看看在电视机前的儿子，表情古怪而僵硬，丝毫没听到奶奶的抱怨，更没留意到妈妈已经回家。

“你昨晚不是说眼睛不舒服吗？还看？”妈妈有些生气，伸手把电视关掉，小明这才从动画片中回过神来，哭闹着说：“我还要看。”说完，小明还激动地冲到妈妈面前抬手捶了妈妈几拳。

“我快疯掉了，自从孩子迷上动画片后，不愿意画画、唱歌，更不愿意看书……我真不知道该怎么办。”小明的妈妈痛苦地说。

电视吸引着孩子，给孩子的童年生活带来了乐趣，同时，孩子通过电视可以增长见识，学到许多东西。但凡事都有个度，如果过度地看电视，也会给孩子的健康、人际交往等方面带来不小的影响。

孩子沉迷于看电视，电视节目本身具有吸引力是一个重要原因。但如果孩子自由活动和交往的范围越来越窄，也会加剧孩子对电视的依赖。如果父母工作忙碌，又没时间陪孩子，那看电视就成了孩子唯一的消遣方式。一旦孩子养成了爱看电视的习惯，父母想改变则要花费一番功夫。

教子有方小课堂

有的家长认为孩子看动画片时特别乖，就由着他去了，这样是不对的。如果孩子长期沉迷于看动画片，必定会变得懒散，没有时间概念。因此，如果孩子沉迷于看动画片，家长不能不管不问，但是也不能强行制止，这样会让孩子产生逆反心理。

1. 看电视的时间由父母决定

家里人可以共同商量看电视的时间，规定孩子每天什么时间可以看电视，看多长时间，到时间就关掉电视。建议学前期孩子每次看电视的时间不超过 30 分钟。家长可以和孩子提前商量，定好看电视的时间，可以是半个小时也可以按集来定，但要让孩子先完成要做的事情再看电视。比如家长可以说："小明，你之前看太多电视了，我们需要商量一下，对看电视的时间做出限制。"小明如果说："我有很多动画片想看呢？"家长可以说："我们可以选一集，等你踢完球吃完晚饭后看，周末我再陪你一起看两集，好不好？"

2. 帮助孩子选择优质的电视内容

如果孩子爱看动画片，父母可以根据孩子的年龄特点、理解能力等，选择一些健康、适宜的动画片给孩子看。孩子收看的电视节目类型较单一，大多集中在动画片以及少儿综艺类节目。电视节目类型多样，有新闻纪实类节目、生活服务类节目、休闲娱乐类节目等。家长在陪伴孩子看电视的过程中，可以简单介绍每个节目的特点，比如新闻类节目是介绍国内外发生的重大事件的。应鼓励并陪伴孩子观看新闻类节目，培养孩子早期的新闻素养，有意识地关心身边的大小事；或是观看电视纪录片，比如观看《动物世界》，可以加深孩子对动物的特征、生活习性等方面的了解，扩大孩子的知识面，还能引发孩子学习科学知识的兴趣。

3. 用其他方式逐渐代替看电视

可以听一些手机APP的少儿频道，或用点读笔、点读机等播放儿童有声读物。在转移孩子对电视的关注后，家长更应该抽出时间带孩子去大自然中行走，多陪伴孩子进行户外亲子活动。除了动画片之外，还有很多好玩儿的事情，例如画画、剪纸、折纸等，可以带着孩子一起体验其中的乐趣，转移他的注意力，培养孩子更多的爱好。此外，父母还可以陪孩子做游戏、听音乐、讲故事，或让孩子与其他小朋友玩耍等。

4. 预防孩子的不良收视习惯

研究表明，一些学前孩子观看电视时有伴随行为。针对这一现象，首先家长不要在孩子看电视时给孩子吃东西，不要让孩子在睡前看电视，以免孩子形成不良习惯。有些家长将看电视作为某种奖励，比如孩子不吃饭，家长就将孩子安置在电视机前，一边看电视一边吃饭，或者家长在孩子看电视的过程中喂孩子吃饭。其次，如果发现孩子已经形成不良习惯的，需要及时纠正。从孩子刚开始接触电视时就要养成良好的收视习惯，尽量减少不良的收视习惯对孩子身心健康的影响。此外，在规定的收视时间快要结束时，家长可以提前告知孩子，避免仓促关电视引起孩子的消极情绪。比如家长可以提前说："宝宝，我们今天看电视的时间就要结束了，还有 5 分钟，5 分钟后宝宝帮妈妈把电视关了。"时间一到，家长就提醒孩子去关电视，并肯定孩子按时关电视的行为。

第三节　防止孩子接触低俗动漫

孩子学前期的社会化是其一生社会化进程中的重要阶段。在此进程中，孩子又特别容易受大众传媒的影响。大部分研究发现，动画和漫画中的低俗因素会对孩子的社会化产生消极影响，孩子容易受到色情、恶搞等低俗因素的冲击，一些有悖传统道德观的低俗因素也往往容易使思想未成熟的孩子产生心理困惑，妨碍其道德发展。例如为了增加剧情的趣味性，吸引更多的孩子观看，一些动画片中就时常会出现一些粗俗化的语言，如一些"朗朗上口"的口头禅："惹我光头强，揍你没商量!"以及一些粗暴的对话，如"闭嘴!”“做梦!”“少废话!”等。这些会潜移默化地影响孩子，让孩子学会说脏话。而这些语言往往是在现实生活中家长不愿孩子学习的。事实上，这个年龄阶段的孩子还没有明确的是非观念，他们对于脏话代表的含义也不甚了解，说了可能也意识不到。在看动画片时无意中接触到后，孩子自以为学到了新鲜词语，用来表现罢了。孩子的模仿能力强，辨别能力又差，学到这些脏话之后，会在生活中运用，若周围人产生激烈的回应，则会强化孩子对此的运用。因此，家长不能忽视这一问题。

某动画片受到小朋友们的喜爱，梁女士5岁的儿子也很喜欢看。然而，孩子却从片中学来满嘴脏话，例如“见鬼”“臭狗熊”“去死”“笨蛋”等词语。

“问他向谁学的，他竟然说向动画片的主人公学的，”梁女士随即观看了一集该动画片，“没想到仅仅10多分钟，就出现21句此类粗俗的语言。”“我儿子总是学动画片中另一个主人公的说话口音，满嘴不知哪里的方言，”另一位家长陈女士也无奈地说道，“孩子看得入神时，不管走路还是说话，都像那部动画片的主人公……”

孩子的模仿能力强，容易去模仿动画片中主人公的语言与行为，因此，一些低俗动漫对孩子的影响很大。例如有些漫画中的主人公不断吐出脏话，孩子看完后频繁模仿，一些脏话甚至成为许多孩子的口头禅。有些动画片包含色情内容，使孩子过早接触不属于自身年龄段的知识，影响心理和身体的发展。

事实上，看动画片不仅是孩子重要的娱乐方式，也是他们想象力和创造力的来源之一。优秀的动画片在给孩子们带来视听享受的同时，也对孩子的成长有着一定的教育意义。故事的情节、画面的渲染都将拓展儿童的想象力，对其今后的世界观、人生观和价值观产生一定的影响。因为就儿童的认知程度而言，他们往往喜欢学习、模仿动画片中主人公的言语和行为，但上述故事中的动画片则给孩子起到了不良的示范作用。

教子有方小课堂

学前期的孩子是语言模仿高手，他们如海绵般学习新字词，会学习并重复听到的一切。因此，家长要提早评估孩子所接触到的信息里的价值观，及时教育和纠正孩子的不当言行，予以积极正面的教育。

受低俗动画片影响，孩子学会说脏话可以分为模仿阶段、故意阶段和习惯阶段。首先家长应分析孩子说脏话处于哪个阶段。如果是模仿阶段，那么孩子说脏话只是因为盲从，而没有明确的是非观念，家长不要急于指责孩子，而要耐心地向孩子解释这些话语坏在哪里。

如果是故意阶段，孩子可能是出于想要博取家长的关注、发泄情绪或者是觉得有趣，那么当孩子说脏话时，家长应进行及时评价，严肃地告诉孩子，这样的话让人感觉很不舒服，而且所有人都不喜欢听，希望他以后不要用类似的语言表达情绪。然后，用文明的语言把孩子所要表达的情绪和想法重说一遍，并教导孩子进行语言替换，用文明话语表达自己的想法和意图。此外，还可以采用故事引导方式。家长可以寻找富有童趣的故事进行教育和引导，让孩子从内心认识到说脏话是不对的。

如果是习惯阶段，那么家长较为温情的解决方式就不适用了，可以适当地采用“冷处理”，或者是采取一些惩罚措施结合正面强化策略一起使用。冷处理是指当发现孩子说脏话时，家长可以提示受伤害的人离开，不予理睬孩子。惩罚措施，比如孩子说一次脏话，就减少孩子玩游戏的时间，或者出去跑步一圈等，既达到了惩罚的目的，还能够锻炼身体。此外，在生活中还要多关注孩子的正面语言并及时表扬，以达到正面强化的效果。

第四节　防止孩子沉迷电子游戏

移动互联网时代，手机、平板等电子产品已经成为现代生活的重要组成部分，在给生活带来便捷的同时也带来不少负面影响。有很多孩子痴迷玩电子游戏，而长时间玩电子游戏不仅会伤害孩子的眼睛，还会影响孩子的身体发育。如果家长强制禁止孩子玩电子产品，那么这种简单粗暴的做法只会拉开孩子与家长之间的距离。

有研究报告显示，长期沉迷电子游戏的孩子，其大脑结构竟然跟患有阿尔茨海默病的老人的大脑结构相似。这是因为，一个人在玩电子游戏的时候，处于被动接收信息的状态，想象力、思考力和融会贯通的能力得不到训练。长此以往，会极大损害孩子智力的发展。家长只有围绕孩子的心理需求，有效地引导孩子有节制地使用电子产品玩游戏，才是解决办法。

6 岁的恺恺最近迷上了电子游戏。恺恺的父母平时工作很忙，白天都是奶奶带他。奶奶身体不好，不太方便带恺恺去远一点儿的公园或是游乐场玩。平时，小区楼下的小孩也很少，大多是老人在打扑克，电视里也只有循环播放的《喜羊羊与灰太狼》《熊出没》等动画片，这让恺恺觉得很没意思。

平时为了和父母联系，恺恺经常会拿奶奶的手机用，由此恺恺便很快发现游戏世界的乐趣。很快，恺恺沉迷于玩电子游戏，甚至经常会说："如果不玩游戏，还能干什么？"

电子游戏由于特殊的"成瘾设计"，很容易让孩子沉迷其中。孩子沉迷游戏，已经成为很多家长十分头疼的问题。

但家长需要注意的是，爱玩游戏不等于游戏上瘾。爱玩游戏是一种心智正常的表现，爱好与成瘾的最大区别体现在是否失去控制。失去控制的意思就是尽管知道玩游戏有极大的负面后果，但仍要继续。

为什么很多孩子在玩电子游戏这件事上，越玩越着迷，越玩越疯狂。目前，在物质成瘾的研究领域，有这样一种理论，认为成瘾行为一开始是奖赏驱动，但随着一个行为被不断重复，就形成习惯，一旦形成习惯就会下意识地做出这个行为，再往后就发展成为强迫性行为，也就是即使有严重后果，这个行为还是会发生。游戏成瘾也有类似的规律：当孩子的生活中缺乏让他感兴趣的事物时，游戏成瘾的风险就增加了。早期阶段主要是游戏带来的快感驱动玩游戏这一行为，越往后期，大脑发生的改变越严重，恢复也就越难。因此，游戏成瘾的预防和早期干预很重要。

教子有方小课堂

1. 了解孩子的心理需求

孩子沉迷电子游戏，背后的原因值得深究。如有的孩子热爱打怪升级，只因升级可以获得成就感和满足感；有的孩子因性格内向，不善与人交际，企图通过游戏中的网络社交来弥补现实生活中的不足；有的孩子因为缺乏爱和关怀，只好寄情于虚拟的游戏世界中；有的孩子本身自控能力差，一旦沾上网络游戏就欲罢不能。父母要了解孩子特别喜欢的游戏，并从中观察孩子的心理需求，或者跟孩子讨论打游戏的动机与原因，以及导致其沉迷游戏的潜在问题。这样，父母知道孩子需要什么，并在一定程度上帮助孩子实现这种需求，才能从根本上改善孩子沉迷电子游戏的状态。

2. 不要运用强制手段迫使孩子放弃玩电子游戏

有些家长看到孩子总玩电子游戏便会批评孩子，说些难听的话，甚至还会打孩子，或者是威胁孩子。孩子还小的时候因为缺少反抗能力，可能会暂时屈服。但是，这些孩子一旦进入青春期，就会和家长之间出现矛盾，如果父母在青春期还使用强制手段会让孩子更加叛逆。在有些家庭不乏这样的例子：孩子从幼儿园到小学低年级时，父母对电子游戏管得很严，说不让玩就不让玩，孩子要是违反了就责骂甚至体罚。但是中、高年级之后，孩子开始发育了，尤其是男孩子，有的长得比父母还高大，有力气也有胆量和父母对抗了，甚至动手打父母的也有，亲子关系由此变得非常糟糕。因此，父母的教育方式要逐渐改变，要以鼓励引导为主。此外，也可以采用转移注意力等方式。家长要在孩子还没有过度沉迷游戏时，根据孩子的特点，提供丰富的成长环境，尤其是高质量的亲子陪伴，经常进行家庭集体活动，让孩子感受到游戏以外的乐趣。

3. 对玩电子游戏的次数和时间做好限定

没有规矩，不成方圆。在孩子一开始玩电子游戏的时候，父母就应该与孩子制定规则，共同商量每次可以玩多长时间，让孩子学会自我管理和控制。每次孩子玩几分钟的游戏，家长就要提醒孩子休息一下。要提前告知孩子玩的时间，比如“还有 10 分钟啦”，让孩子有心理准备，慢慢地从玩游戏中停下来。一旦时间到了，再提醒一次，如果孩子还在玩，不要强行阻止，但是按照约定，当孩子下次再要求玩游戏的时候，就罚不能玩游戏一次。除了约定玩的时间长短，还应该跟孩子说明能在什么时候玩，比如只能周末玩、不影响正常作息的情况下玩等。

4. 帮助孩子选择合适的电子游戏，和孩子一起玩

孩子如果爱玩电子游戏，父母一定要了解孩子在玩什么电子游戏，这些游戏是否适合孩子。如果不适合，父母可以给孩子推荐一些适合的、健康有益的游戏。对年龄小的孩子还可以选“单机版”游戏，对有一定“网龄”的孩子，可选些有一定难度和技巧的游戏。此外，家长可以与孩子一起学习和了解电子游戏，一起玩，一起研究游戏策略。这样不仅可以增进家长与孩子的交流和了解，培养亲子感情，还可以从中培养孩子挑战困难、与人合作等能力。而父母有节制地玩游戏，也能为孩子树立良好的榜样。

第六章　正视性别教育

第一节　面对孩子的性好奇，父母怎么办？

3～6岁的儿童开始有性别意识，出现对性别的好奇心。这些都是学前期孩子发展中的正常现象。父母应该明白，孩子对异性的兴趣大多停留在男女形体区别、生殖器结构和行为规范等方面的不同上。与其说是对异性的兴趣，倒不如说是对异性的好奇心。

《国际性教育技术指导纲要》（修订版）指出，全面性教育能使儿童和青少年增加有关性健康、生殖健康及权利的知识、技能，使其对性和性关系持有积极负责任的态度。2020年，我国新修订通过的《中华人民共和国未成年人保护法》也正式将性教育纳入了法律体系，说明性教育的重要性得到了法律认可。

4岁的娜娜经常抱着妈妈的脖子问："我是怎么来到这个世界上的？""我是从哪里来的？""我为什么与男孩子不一样？""我怎么是女孩子？"每当这时候，娜娜的妈妈总是含糊其词，百般搪塞。有时候告诉娜娜："你是从豆角里蹦出来的。"有时候又说："你是天空掉下来的雨点。"而娜娜会接着问："为什么别的豆角不能蹦出孩子?”“下雨时我为什么没有看见孩子从天上掉下来?”让妈妈不知如何回答。

多多是一名5岁的男孩，平时基本上都是妈妈齐女士在带。齐女士每次换衣服时，从来都不躲着多多，有时候还会和多多一起洗澡，觉得孩子小，什么都不懂。有一天，齐女士接到了幼儿园老师的电话，说多多一直盯着班上的小女孩的胸部看，非常不礼貌。回家之后，齐女士问多多为什么，多多说，他想知道为什么小朋友的胸部和妈妈的不一样。孩子的话才让齐女士认识到问题的严重性。

故事中的两个孩子分别从不同的角度产生了对于“性”的好奇。娜娜的问题是自己从哪里来，多多则是从第二性征的角度产生了对于性别的好奇。有些家长和老师认为，不应该对幼儿进行性教育，认为对孩子过早进行性教育容易诱发孩子产生性过错。这就导致很多家长没有给予性教育足够的重视，面对幼儿提出的性问题不能正面解答。一旦孩子问到有关性的问题，家长会吃惊，更有甚者直接演化成愤怒，从而使幼儿对于性产生恐惧。纵观近年来发生的猥亵幼儿事件，多数都是由于家长疏忽性教育，不重视性教育，致使幼儿在遇到性侵害时不知所措，不知道如何保护自己，最终造成悲剧。

教子有方小课堂

1. 父母是孩子性教育的第一责任人

根据调查，多数家长认为合适的性教育应以教师讲解为主。这说明家长对儿童性教育缺乏主体责任意识，过多地依赖教师。家庭作为幼儿生活的主要场所，应承担起儿童性教育的责任。尤其对于“我从哪里来?”的问题，孩子往往会先询问父母，相比教师，父母在回答相关性问题时更加具有优势。

2. 正面回答孩子的问题

有些家长在面对孩子的性问题时，往往闪烁其词，回避孩子的问题，这就导致一些孩子对这类问题更加好奇。当孩子提出问题时，家长最好的表现就是轻松自然，以启发的方式正面回答。譬如孩子问妈妈：“我是哪儿来的?”妈妈可以简单又随意地说：“是从妈妈肚子里来的。”同时还要强调爸爸的作用，告诉孩子，是因为“爸爸妈妈相爱，才有了宝宝”。

3. 在日常生活中进行性教育

可把性教育融入生活中的每件小事里。例如，洗澡的时候给孩子介绍身体的各个部位，上厕所的时候告诉孩子男孩和女孩的区别，游泳的时候告诉孩子泳衣覆盖的地方不能随便让别人看或者摸。家长可以利用电影、动画片、绘本或者观察植物、动物等方式，随时随地对幼儿进行性教育，培养幼儿正确的性观念。

家庭性教育的内容主要包括性生理、性心理和性道德等多方面的内容。家长在选择家庭性教育的内容时，不仅要考虑幼儿的身心发展规律和年龄特点，还要注重幼儿发展的个别差异。学前期孩子的家庭性教育内容主要包含以下几个方面。

（1）生理器官及身体的认识。如了解男性和女性身体外形特点，了解两性生殖器官的外形特点及其差异，知道身体器官的名称及其功能等。

（2）性别角色的认知。了解两性表现出的不同性格特质；了解未来能够从事的职业；知道男女平等，要相互帮助，学会关爱和尊重他人。

（3）简单的生育知识。如了解母亲的生育过程，体会妈妈的辛苦；知道生命的可贵，学会热爱生命、珍惜生命、尊重生命等。

（4）良好的卫生习惯。如养成主动清洁生殖器官的习惯，能够正确擦屁股等。

（5）自我保护的意识。学会保护自己的身体器官，知道隐私部位别人不能随意看和触摸，不随便窥视和触摸别人的隐私部位等。

第二节　建立孩子的性别意识

学前期是孩子形成正确“性认知”的关键时期，有了正确的“性认知”，才能初步地判断自己的性别及性别之间的差异，保证孩子形成正确的性别意识。

性别角色教育是性教育的基础，二者又有一定的差别。性教育强调性生理与性心理知识的传授，而性别角色教育则强调基于男女性别差异特点，依据一定的社会文化规范，对孩子的性别认知、性别观念以及性别行为施加社会化影响，期望两性发展并扮演特定的性别角色的活动。只有当性教育与性别角色教育有机整合，才能让孩子在了解自身性别的基础上，学会正确地认识和保护自己。

小杰是一个6岁的阳光男孩。小杰3岁的时候，突然喜欢穿女孩的裙子，好几次要妈妈给他买裙子。有一次，小杰的妈妈孟女士就带小杰出门买。到了一家店里，小杰喜欢上一条绿色的裙子，当孟女士打算买的时候，店主有点诧异地问："男孩怎么要买裙子?"小杰拉着妈妈就走了，后来这件事情就搁置了下来。

一天，小杰突然说："妈妈，你在网上给我买女孩的裙子吧，要绿色的，还要女孩子的鞋子，粉色带花的。在网上买，人家就不会笑话我了。买回来后，我就在家里穿。小朋友来了，我就赶紧脱了。不然我会害羞呢!"孟女士答应了。然后小杰又问："妈妈，你小时候穿过男孩子的衣服没?有人笑话你吗?"孟女士告诉小杰："穿过啊，我觉得好奇就穿了啊，有人笑话呢，不过我没理。"之后，母子俩开始聊天。小杰说觉得女孩很漂亮，想当女孩。孟女士告诉他，男孩的美和女孩不一样，女孩子的美像花朵，温柔、柔软、鲜艳，男孩子的美像树，强壮、有力量、高大。

第二天，孟女士带小杰去商业街买了一双粉色带蝴蝶结的皮鞋和一条有很大蝴蝶结的粉色裙子，都非常漂亮。店主非常尊重孩子，没有一丝嘲笑。回到家里，小杰立即换上了新装。此后连着3天，小杰在家都穿着这身衣服。小杰的爸爸和妈妈就跟平时一样，没有对此表现出太多的关注。3天后，鞋子和裙子就被放在那里不动了，小杰连看都不看了。后来，小杰说自己不喜欢女孩的裙子了。

学前期孩子偶尔跨性别地穿着服装或者是扮演角色都是这一阶段正常的现象。在这个年龄阶段，出于好奇心，孩子会有体验异性打扮的想法——穿异性服装和梳异性发式。比如男孩提出来想穿妈妈的裙子，或者让妈妈为自己买裙子，像女孩一样留长发，扎蝴蝶结，涂指甲油；女孩也会拒绝穿裙子，而希望像男孩那样穿裤子、留短发等。父母要满足孩子在这个年龄阶段对异性服饰的好奇心，不必过度紧张，更不要对孩子进行威胁打骂。上文故事中的妈妈的做法就很值得借鉴，既不伤害孩子的好奇心，又在生活中自然而然地给孩子传递不同性别角色的差别，最终让孩子通过体验自行回到了正确的轨道。

教子有方小课堂

1. 父母的性别角色差异是天然的教育资源

学前期孩子正处于学习、模仿他人言行举止的关键时期，父母的言行举止对孩子的学习及未来发展有着重要的影响。父母的性别角色差异导致父母在行为上会有不同的表现，例如爸爸的穿着、对运动的热爱、思维活跃，妈妈的打扮、做事细心认真等都会对孩子性别角色的形成产生重要影响。

2. 在游戏中进行性别教育

游戏是儿童感知世界的重要方式，可以通过游戏的方式向儿童传递性别的差异。例如家长可以给孩子几张男孩和女孩的图片，让孩子进行分类，还可以带孩子玩一玩男生女生找不同的游戏。通过这样的游戏，让孩子在趣味中体会性别的差异，有助于孩子更好地认识自己的性别，更好地区分男孩和女孩，并且能增加孩子保护自己隐私部位的意识。

3. “双性化”教育

“双性化”人格是指在性别平等观念的基础上，个体同时兼顾两种性别特征上的优点。家长对于孩子的培养目标应该是让孩子了解性别的差异，尊重性别的差异，同时又能摆脱性别的刻板印象，充分了解自身性别领域的优势特征，进而理解并吸收异性的某些优势特质，最终兼具两性的积极特征。

第三节　保护孩子，预防性侵害

近年来，关于幼儿性骚扰和性侵犯的事件或报道层出不穷，且受害儿童日益呈低龄化趋势。如何保护孩子免受性侵犯？这成为家长乃至全社会都要严肃对待的重要议题。儿童性安全教育较为缺乏，是造成儿童性侵案件频发的重要原因之一。首先，家长们普遍想当然地认为儿童性侵离自己的孩子很远。其次，一些家长过度信任熟人，但事实上许多性侵案件都是熟人作案。最后，很多家长觉得孩子太小，羞于对孩子进行性教育启蒙。所以，防范儿童性侵的重要策略就是：父母充分了解性安全知识，重视儿童性安全教育，并采用灵活多样的方法教会孩子识别性侵行为，学会保护自己。

夏天来了，陈女士经常带 6 岁的女儿琪琪去游泳馆游泳。一天下午，水池中人满为患，琪琪和陈女士很快就被几个大人隔开了几米远。玩着玩着，琪琪忽然感觉到小屁股被一双大手蹭来蹭去的，有时还会被捏一下。她困惑地转过身来，看到一个胖胖的中年男人正奇怪地笑着看她。琪琪并不认识他，就躲开了一点儿，但那个男人又凑过来，在她身上摸了几把，还揉了揉她的屁股。琪琪被摸得很不舒服，便大声说："叔叔，你干吗摸我？"琪琪的声音引来周围人的注意，旁边一个女士大声质问那个男人："你摸人家小姑娘干吗？耍流氓？"男人脸上一阵红一阵白，狡辩道："没有，我没有摸，是不小心蹬着了。"陈女士听到吵闹声，连忙赶过来。琪琪看到妈妈，更勇敢了，大声说："不对，你撒谎！你刚才明明是用手摸我了！"陈女士非常气愤，周围的人也都大声指责那个男人。最后，陈女士报了警，警察把那个男人带走了。事后，陈女士非常懊悔，怪自己一时疏忽大意，让坏人有了可乘之机。幸亏女儿反应机敏，知道大声呼救，否则后果不堪设想。

与孩子的纯真坦然不同，父母们常常把自身的性羞涩转化成对孩子未来性成长的担心，继而将自身的逃避描述成为了孩子好，尽量不与孩子谈论性话题。任何对教育责任的逃避，结果都是可怕的。

家长也无法做到24小时守护在孩子的身边，因此，教会孩子保护自己非常重要。家长要教会孩子敢于拒绝。告诉孩子，任何人的任何行为，只要让你感到痛或者不舒服，就立刻反抗，要敢于大声说“不”。

教子有方小课堂

性教育是从孩子一出生开始就摆在父母面前的重要课题。帮助孩子健康成长，性教育不可或缺。

1. 以积极、自然的态度与孩子探讨“性”

学前期的孩子活泼好动，对周围的一切事物都充满好奇，并进行着不断地探索，其中也包含着对性的好奇与探索。家长对“性”科学自然的态度能够引导孩子正确地认识和对待性，懂得保护自己的身体，尊重他人的隐私。反之，遮遮掩掩的态度会增强“性”的神秘性，让孩子产生对于“性”的羞耻心，增加孩子的罪恶感和叛逆性。因此，家长要了解孩子的身心发展特点，摒弃传统对于性教育羞于启齿的态度。当孩子出现对于“性”的好奇时，要以积极、自然的态度与孩子进行探讨，引导孩子认识“性”，并鼓励孩子大胆表达自己的看法与观点，形成正确的性观念。

2. 通过多种方式进行家庭性教育

对于孩子而言，性教育不能是简单枯燥的说教。孩子不是被动的接受者，而是在与周围环境的互动中积极地建构着对性的认识。家长在进行家庭性教育时，既要了解孩子的认知特点，同时要根据性教育内容的特点，选取合适的、生动的方式进行。

（1）阅读绘本

绘本是最适合孩子阅读的书籍，是一种具有独特魅力的书籍形式。它以图画为主，文字为辅，色彩丰富，形象生动，情节简单，主题鲜明，寓意深刻。不仅能够吸引孩子的兴趣，还能让孩子在愉快的阅读过程中掌握知识。家长根据教育内容选取合适的绘本，在与孩子一起阅读优秀绘本故事的过程中，将科学的性知识潜移默化地传递给孩子。如《乳房的故事》《小鸡鸡的故事》《小威向前冲》等优质绘本都可以成为家庭性教育的载体。

（2）组织游戏

家长可以组织一些关于性教育的游戏，如角色游戏、养殖游戏等。通过轻松愉快的角色游戏，孩子可以模仿他人的言行，站在他人的角度思考问题。如玩过家家模拟家庭生活、性别角色互换游戏等，可以帮助孩子更好地了解自己的身体和性别角色，培养他们的自我保护意识和尊重他人的素养。再者，通过养殖游戏，孩子可以养一些小动物，观察它们的生长和繁殖过程，感受和理解生命的起源和意义，从而培养孩子的责任感、观察力以及对生命的热爱。

第七章　成就幸福亲子

第一节　给孩子一个稳定的情绪环境

幼儿时期是儿童情感发展的重要时期。在此时期，儿童的情绪逐渐趋于稳定，开始带有人格化倾向。幼儿情绪的发展主要表现为情绪体验逐渐丰富、情绪自我调节和移情开始发展。

幼儿对他人的情绪理解还是很表面的，经常根据别人的面部表情、外部行为去认知别人的情绪，而对成人一些复杂的内心体验和表面上互相矛盾的情绪线索则难以理解。

因此，在面对复杂的情绪情境时，父母需要耐心帮助幼儿理解情绪线索，并对自身的不当情绪表达进行说明和纠正。

演员陈小春在儿子4岁前的成长期中，因为经常要外出工作、拍戏等，能够陪伴儿子的时间很少。在妻子应采儿的推动下，一直少有机会与儿子亲近的陈小春带儿子参与了湖南卫视节目《爸爸去哪儿5》，这让两父子真正有机会共处。

由于父子以往的相处时间很少，陈小春与儿子彼此并不了解对方的脾气、生活习惯等，这对父子最初的相处并不是很融洽。

比如，“村长”在讲话的时候，陈小春的儿子沉迷于玩喇叭，因为太吵，陈小春非常严肃地让他不要再玩。

面对儿子方向感不好，走错路，陈小春也是凶巴巴地说：“是那条路!”儿子可怜巴巴地对陈小春说：“可以不生气了吗?”不过声音太小，陈小春并没有听见。之后，陈小春更是不停地催儿子快点，把路人都吓跑了。

而儿子却一直在尝试着跟自己的爸爸沟通。他也知道，要进行这种沟通必须得让爸爸先不生气。于是他再次问爸爸，能不能不要生气，然而陈小春还是没有听见。

终于，第三次，儿子直接拿了个大喇叭，对着爸爸喊：“能不能不生气?”可爱的小奶音让拉着脸的陈小春瞬间就没了火气。陈小春明显愣了一下，这才意识到自己好像做得不对，马上向儿子道歉。

后来，陈小春也表示对儿子的反应非常吃惊，自己一辈子都不会忘记这段对话。

到了晚上，儿子依然记着白天的事，不过没有闷在心里，而是主动和陈小春沟通说：“你今天又生了很多次气。”严厉的陈小春也真诚地再次为自己发火而道歉。

睡前在与妻子通话时，陈小春甚至又一次向儿子道歉，说自己“不棒”，感谢儿子对自己的包容。暖萌的儿子居然给爸爸来了一记“摸头杀”，父子两人在“亲切会谈”后彻底和解了。

对于幼儿来说，他们还处在情绪情感体验的初级阶段，过于复杂的情绪情境不利于他们习得正确的情绪体验和反应。

陈小春因为儿子走路太慢，而逐渐失去耐心，不停催促他，却没有耐心指出儿子的行为哪里不对，需要怎样修正，而是一股脑儿地表达着自己的愤怒情绪。当儿子拿着大喇叭对着陈小春说能否不生气时，说明他已经明显觉察到爸爸的情绪状态，也意识到是自己前面的行为让爸爸不满意了，所以他要解决这个问题。

拖拉磨蹭，几乎是所有孩子会发生的事情。成年人是有时间观念的，什么时间应该做什么就做什么，但是孩子不同，他们是用感官来感知这个世界的，完全没有建立时间观念，他们做事情的时候，注意的往往是过程——在这个过程里感受到了什么，体验到了什么。

这个故事里，首先想到给情绪“刹车”的是儿子，令人意外的也是这一点。令人欣慰的是，在这个故事的结尾，爸爸陈小春认识到了自己行为的不妥之处，并且进行了诚恳且认真的道歉。

教子有方小课堂

1. 情绪失控之后，请说“对不起”

当家长对着孩子情绪失控时，孩子承受的不仅是害怕，更多的是担心“你为什么生气”“为什么不高兴”。这个时候，孩子心里的情绪非常复杂。如果他们始终不了解爸爸妈妈为什么要发脾气，自己的行为还是得不到爸爸妈妈的肯定，就容易产生“爸爸妈妈是不是不爱我了”“我是不是什么都做不好”的想法。很显然，这样的后果是亲子关系的疏远，以及孩子心灵受到的挫折和打击。所以，家长在情绪失控之后，请真诚地对孩子说一声“对不起”吧。

2. 误解孩子之后，请说“对不起”

每个人都不希望遭到别人的误解，孩子也是一样。当孩子被误解时，心里一定会积攒委屈、愤怒、悲伤等情绪，此时孩子需要的仅仅是父母真诚地告诉他们“你没做错，是爸爸妈妈误解你了”。当父母意识到自己的言行已经误解了孩子时，应当及时道歉。道歉不仅能及时消除误解，还能让孩子更快乐。

3. 没有兑现承诺，请说“对不起”

信任、诚信是建立亲子之间亲密关系的关键。不少父母会把对孩子的承诺当作一种解决问题的捷径。但为人父母应当知道，你如何履行对孩子的承诺，将决定着孩子信任你的程度。如果永远都是随口一说，那么父母在孩子心目中的信任等级就会不断降低，直到清零。当家长因为某些原因没能兑现对孩子承诺时，应当主动承认错误，解释原因。

第二节　培养孩子正确的自我意识

自我意识包括自我评价、自我体验和自我控制三个因素。自我意识的各因素开始发生的时间很接近，但是不同步。首先是自我评价的发展（转变期在3~4岁），其次是自我体验的发展（转变期在

4 岁左右），最后是自我控制的发展（转变期在 4 ~ 5 岁）。

儿童的自我意识是随着年龄增长而逐渐发展的，呈现由低到高的发展趋势，学前期是孩子自我意识发展的加速期。在这个阶段，家长最好能帮助孩子建立广泛的、多元化的认知，这是保证孩子健康成长的基础，也有助于发展孩子的认知能力。

在某综艺节目中，辣妈戚女士作为主人公分享了她与女儿相处时的趣事。当主持人问，孩子如果很想要一样东西，自己又不想给的时候怎么办？会给她吗？

戚女士表示，自己会将孩子当作大人一样来沟通。戚女士还举了一个例子：女儿有一天早上看到戚女士穿了一条裙子，她特别喜欢，就不让戚女士穿走，还说裙子是她的。戚女士就与女儿直接吵起来了，说“不，这是我的”。女儿说“可是这个裙子我很喜欢，它很美”，戚女士说“我也要美”，完全没有退让的意思。

嘉宾陈先生提出了质疑，问为什么不安抚孩子说妈妈穿完了再把裙子拿回来给她。戚女士坚决地反对道：“我不要这样安慰她。这个东西就是我的，你没有理由因为你年纪小，就把别人的东西变成你的，谁也不应该惯你这个毛病！”

之后陈先生又继续追问，那是否会因为女儿喜欢就给她买一个同款时，戚女士也非常理性地回答说：“那可能会变成一个奖励。但不能强要，这是没礼貌的。”

父母爱孩子是很正常的事情，但不代表父母应该纵容孩子犯错。爱孩子不能没有最基础的底线和原则。如果因为孩子小而一次又一次地破坏规则，那么这样的育儿方式称不上成功的教育。

想象一下，如果戚女士妥协了，把裙子就这么让给女儿。那么下一次，孩子看上了别人的裙子，她也会用同样的方式抢过来。所以，这个任性且自私的想法是必须改掉的，不能惯着孩子，不然只会让孩子往不好的方向发展。

很多家长会觉得，孩子和别的小朋友在一起时，才需要区分东西是我的还是你的。一家人，特别是亲子之间，就容易忽视物权归属问题。而幼儿正处在自我意识形成的初期，模糊的自我与非我界限，是不利于他们自我意识的形成和发展的。

所以，我们从小就要教育孩子，不能因为年纪小就任性妄为，不属于自己的东西不能抢。

教子有方小课堂

1. 要对孩子进行正确恰当的评价

孩子自我意识的一个很重要的特点就是依赖、轻信他人（尤其是成年人）的评价，往往以别人的评价为依据来评价自己。因此，成人应注意自己的言行，尽量以积极的态度来评价孩子。

2. 善于给孩子解释原因

对于和孩子相关的事情，千万不可忽视或者敷衍地给孩子回应，这会使得孩子的自我意识发育缓慢，严重影响智商和情商等。例如：孩子喜欢一边吃饭一边看电视，我们知道这是对身体有害处的习惯。可是从孩子的角度来说，他不一定能理解，这个时候，父母就可以给孩子耐心地解释原因，并给孩子正面的反馈，可以说："宝宝，我们和爸爸（妈妈）一起专心地吃饭，这样的话，爸爸（妈妈）会觉得宝宝是最棒的！"不要说："不准看电视！看电视是不对的！"

3. 明确行为要求

获得成功感是幼儿形成自信心的基础。明确要求可以使幼儿有明确的努力方向，用一个标准来衡量自己，也可以让幼儿知道自己的差距，从而对自己有一个合适的判断，进而形成合理的自我意识。

4. 父母的观点最好保持一致

在育儿的路上，父母因教育素养以及家庭背景的不同，自然会有不同的性格以及观点，那么，在孩子面前就不要表现出来，这样不利于孩子自我意识的形成，容易分散孩子已经形成的观念和意识。如果父母双方对一件事情持相反意见，可以事先进行沟通和商量，给孩子一个明确的观点。

第三节　做孩子最坚实的后盾

依恋关系是亲子关系中非常重要的一个方面，是形成良好亲子关系的根本。对于每个人来讲，它不仅存在于儿童早期，而且会对人一生的发展产生深远的影响。对于亲子关系而言，依恋关系的形成不仅影响到家庭的稳固、亲子关系的和谐，还会影响家庭的整体生存环境。

父母的积极关注是形成良好亲子关系的关键。亲子关系强调了父母和孩子之间的互动，这个过程中形成的信任、依赖和安全感有赖于父母是否主动行动。换句话说，父母是不是有很强的爱孩子的诉求和行动是亲子关系形成、发展的重要动力。

演员霍思燕和杜江带着儿子嗯哼参加了一档综艺节目《老师请回答》。节目中聊到学生间起外号的现象时，嗯哼说："我的同学也给我起外号。"主持人顺势向嗯哼提问："叫什么？"嗯哼沉着脸回答说："肚脐眼。"霍思燕随即解释说："他叫杜宇麒。"主持人问嗯哼："你听了难受吗？"嗯哼表示难受，而且说跟同学表达过自己不喜欢这样，但同学们"还是这样"。这让嗯哼十分无奈和委屈。

随后，主持人问霍思燕与杜江知道这件事吗？两人均迷茫地表示不知道。从他们迷茫的表情中，能清晰地感受到两人对儿子这样的遭遇表示有点惆怅，然而霍思燕接下来的问题却让这些惆怅烟消云散。

霍思燕紧接着问杜江："你小时候的外号叫什么？"杜江脱口而出："肚脐眼。"逗得现场众人哈哈大笑，纷纷调侃"外号还有传承的""继承了外号"。这时，嗯哼好像突然懂了什么似的说："因为他也姓杜。"父子俩也笑了。因为有爸爸这位"难友"，嗯哼对于外号的心结有所缓解了。

从儿童发展心理学的角度来看，学前期是孩子的语言爆发期，这个时期的孩子能够准确使用一些常用词语之后，便会对那些日常生活中少见的词语产生好奇，从而进行学习和模仿。比如骂人的话、诅咒的话等，而给其他孩子“起外号”，也相当于他们使用语言的一种方式。

在与小朋友的相处中，观察到其他孩子身上一些特别的点，再将自己的一些创意和脑海里的认知内容结合起来，于是，就有了很贴切的“外号”。

故事中的妈妈霍思燕和爸爸杜江虽然第一次得知此事，但高情商的他们配合默契，两人你一言我一语就安慰了儿子。首先是妈妈向嗯哼点明这个外号的来源是因为名字“杜宇麒”中的姓氏。随后，爸爸杜江顺势接过妻子的话头，跟嗯哼表明自己小时候也被起了个外号，不巧也是“肚脐眼”。最后，引出嗯哼的“因为他也姓杜”的话语，同时也缓解了嗯哼对外号的抵触情绪。

先不论杜江小时候的外号是不是叫“肚脐眼”，但此时此刻他这样回答，目的就是为了减少儿子嗯哼的伤心。在感受到爸爸的关爱和陪伴后，外号对嗯哼的“攻击力”就减弱了许多。

教子有方小课堂

1. 了解并安慰孩子的情绪

外号一般是带有贬义的，家长要主动与孩子沟通，了解孩子对于这个外号的态度是抗拒还是接受。如果是抗拒和厌恶的话，家长一定要对孩子进行安慰，告知这并不是他的错。

一般来说，同学之间起外号可能是因为好玩，并不是有意的，家长也不便介入孩子的交际。所以，面对这种事情，家长先要跟孩子进行深入的交谈，搞清楚同学起这样外号的原因，并及时掌握孩子的情绪及心理变化。

2. 教孩子正确的处理方法

生活中，不少孩子都有过这种经历，不管是善意还是恶意的外号，对别人都是一种不尊重的表现，而且一些带有侮辱性的外号往往会给当事人的身心带来很大的心灵创伤，甚至引发心理疾病。所以，当孩子有被同学起外号的经历时，作为家长，一定要及时解决。家长要教孩子主动面对，最好是能给孩子提供一些解决问题的办法，比如找老师出面，或者去跟起外号的孩子沟通，寻求事情和平解决。这样也有利于提高孩子的交往能力。

3. 情况不妙时，家长要出面

如果孩子深受外号伤害，而起外号的孩子没有停止行动，家长要及时与老师和对方家长沟通。

此时，家长要注意保持自己的情绪稳定，再跟老师进行沟通。当自己的孩子受到不公平待遇时，相信每个家长内心都是充满愤怒的。但是，以暴制暴根本解决不了任何问题，反而会让问题变得更糟。所以，当遇到这种情况时，家长首先要做的就是稳定好自己的情绪，保持理智的心态。然后，再找老师沟通具体的情况，用科学正当的方式解决问题。

而亲子间一起对抗外号的这场“战役”，也会让孩子对家长产生更多的信任和依赖。家长给予的安全感会让孩子感受到自己被爱，这将成为他日后面对生活挑战的勇气，也会成为他爱生活、爱别人的原动力。

第四节　给足“老大”安全感

孩子对家长的依恋可以分为四种类型：

如果在孩提时代，觉得照看自己的人常常陪在身边，并且总是可以满足自己的需求，孩子就会成为安全依恋型。

如果照看孩子的人在孩子需要的时候离他而去，孩子可能会发展成回避依恋型。他会逐步学着独立，在感情上与他人保持距离。

如果孩子感到照看他的人并不是总能满足他的需求，可能会形成焦虑依恋型。他会一直缠着或不停监视与自己关系亲密的人，确保他们不会离自己而去。

那些在幼儿时期被看护人以某种方式伤害过的孩子，则会形成恐惧—回避依恋型，他们害怕与他人亲近。

英国儿童行为心理学家的研究显示：几乎所有的孩子，即便是1 岁的孩子，也会对家里出现的其他孩子产生敌意，他们会感受到威胁。而这种不安全感会使他们在情绪和行为上表现出各种各样的情况。比如有的孩子会变得易怒、爱哭闹；有的孩子会开始比较和较真；有的孩子会行为退化，甚至处处闯祸；有的孩子会变得有攻击性。

随着“三孩政策”的落地实施，多子女家庭会越来越多。家庭结构的变化，对孩子中处于幼儿阶段、认知尚未成熟的“老大”来说，是一个很大的挑战，尤其是在亲子依恋关系方面。让“老大”继续与家长保持安全型依恋关系，对他的健康成长和家庭和谐都非常重要。

在某辩论节目中，针对“生二胎必须经过老大同意吗”这个辩题，辩手傅某持正方，她的一番话说得现场观众笑中带泪。

傅某和儿子商量二胎的问题，结果儿子说：“我觉得你得考虑清楚，万一跟我一样不争气怎么办?”

她抱着儿子猛亲一口，说：“你怎么会不争气呢，你是最棒的。”

儿子回答道：“我这么棒，你还要二胎干什么呢?”

她说：“妈妈给你生个小伙伴，陪你玩不好吗?”

儿子说：“那我同学不就没事干了吗?”

她说：“同学白天陪你玩，晚上弟弟妹妹陪你玩。”

儿子说：“你一天到晚就知道玩。”

在一次次的交锋下，当妈的傅某意识到，儿子这是在用自己的方式表达自己的不安：妈妈，是不是我在你心里不够好?

此外，傅某还举了一个自己的例子。她的妈妈当年改嫁后，准备再生一个孩子，傅某的继父告诉她，就算有了第二个孩子也不会不管她。后来，孩子出生了，继父并没有偏心自己的女儿，而是一碗水端平，所以生二胎这件事没有给傅某带来困扰，反而让她获得了一个好妹妹。

幼儿对二胎的到来产生抵触情绪，认为父母要二胎是对自己的不满意，担心父母有了二胎之后会不爱自己了……这些焦虑情绪的产生都反映出家长和孩子之间的沟通不充分，亲子之间没有形成安全型依恋关系。

教子有方小课堂

1. 给予孩子单独的爱与关注

孩子多了以后，父母不要急于把注意力和爱转向更小的孩子，而忽略了对老大的教养。父母要拿出特定的时间来陪伴老大，让他明白父母虽然有了小宝宝，但是对他的爱仍然是独特的、始终如一的。

家中大一点的孩子只有收获了足够的爱，感受到足够的爱，他才有能力向弟弟妹妹去表达他的爱，才会帮着父母把弟弟妹妹教好，因为孩子的学习是一个自然的习得和模仿的过程。

2. 孩子犯错要一视同仁

当孩子们发生冲突或争论的时候，不能将问题归于一个孩子，更不能以年龄论是非，而是要让所有参与的孩子都一起面对问题、一起解决问题。这样就能无形地鼓励孩子们学会合作，学会互相包容、互相理解，有效减少恶意的竞争。

3. 鼓励孩子自己去解决问题

只有卷入了争端，孩子才能够学习到如何解决争端。如果家长只是一味干预并急于插手解决孩子们之间的争端，那么孩子们的学习机会就被剥夺。

所以，孩子们之间发生冲突是正常的，这是让孩子学习处理冲突的机会。父母不要急于干预，必要时可以给孩子一些有建设性的意见。

4. 回避恶趣味的人

有些大人总喜欢开些恶趣味玩笑，比如："你妈妈生了弟弟就不要你了，好东西都留着给弟弟吃呢！"对于孩子来说，最害怕的事情就是爸爸妈妈不要自己了，这句话无疑会伤害到比较敏感的孩子。

遇到这种人，需要及时回避，同时还要坚定地表达对老大的爱，打消他的不安全感！

第五节　缓解孩子的分离焦虑

当孩子到了上幼儿园的年龄，分离焦虑就越发不可忽视了。很多孩子因害怕去幼儿园，会以不起床、假装生病、耍赖哭闹等手段进行抵抗。

焦虑会引起孩子生理上的应激反应，长时间焦虑容易使孩子抵抗力下降。所以，刚入园的孩子常常很容易感冒、发烧、肚子疼等。

研究证明，在入园之前有与家长分离经验的孩子比较容易适应幼儿园的生活。性格外向、活泼大胆的孩子则要比那些性格内向、安静胆小的孩子更容易适应幼儿园的生活。

在某亲子节目中，某组的三位嘉宾要完成一个带娃的任务。参与节目的小男孩在妈妈离开后，先是伤心沉默，然后开始哭泣，边哭边说："妈妈！我想妈妈！"三位嘉宾开始使出浑身解数，帮助小男孩平复情绪。

首先，嘉宾一搂着男孩的肩膀说："从现在开始，我现在是你妈妈！"小男孩愣了一下，还是继续哭。"给你吃东西好不好？""要不要喝柠檬茶？"……小男孩仍旧一直抽噎。

接着，嘉宾二开始坐在旁边，跟小男孩搭讪："你叫什么名字？"小男孩边哭边说："刘少……"嘉宾二开始跟他商量说："不哭了好不好！你哭着说不清楚，我听不清楚怎么给你找妈妈？"

此时，嘉宾三从身后端着玩具枪，射向了对面的墙壁，小男孩的注意力被吸引过去了。打过几发子弹后，嘉宾三问小男孩："给你玩会儿这个好不好？"小男孩有点感兴趣，嘉宾三便让小男孩帮他扶着子弹链，给他演示怎么打枪。小男孩认真看着，不再哭了。打完子弹后，嘉宾三又告诉小男孩，如果把打出去的子弹捡回来安好，这个枪就给他玩了。小男孩自此投入游戏中，不再沉浸在妈妈离开的悲伤情绪中了。

第二天，小男孩的妈妈过来接他。他看到妈妈，很开心地跑过去了。

分离焦虑可分为三个阶段：反抗阶段——号啕大哭，又踢又闹；失望阶段——仍然哭泣，断断续续，动作的吵闹减少，不理睬他人，表情呆滞；超脱阶段——接受外人的照料，开始正常的活动，如吃东西、玩玩具，但是看见母亲时又会出现悲伤的表情。

节目中的小男孩的表现与这个过程很相似。起初是反抗阶段，只顾自己哭，不理睬别人；当听到和找妈妈有关的问题时，开始注意倾听；当遇到自己感兴趣的游戏时，注意力逐渐转移，开始正常的游戏活动了。

分离焦虑的出现，与孩子的不安全感有关。最初，这种焦虑的出现，是具有特殊的适应意义的，它促使孩子去寻找他所亲近的人，或者发出信号，呼唤妈妈的出现。这是孩子寻求安全的一种方法。

但是，由于焦虑中的孩子会把所有的注意力都放在寻找亲人上。有时，他们甚至会不吃、不喝、不玩，这些平时最能引起亲近的人关注的行为，成了他用来呼唤亲人的一种方法。这样一来，其他的活动可能就进入不了他们的视线了。

教子有方小课堂

1. 提前做铺垫

孩子入园前，妈妈可以经常出门逛逛，短暂离开一段时间。让孩子知道妈妈出门是很正常的事，妈妈很快就会回来。同时，妈妈要选定自己信赖的“接班人”，一起看护孩子，让孩子熟悉和习惯多人看护，减轻孩子对妈妈一个人的依赖感。

父母千万不要欺骗孩子或者偷偷溜走，这样会让孩子更没安全感。初期每次分别时，父母只要诚实地告诉孩子，自己去哪儿、做什么、什么时候回来就可以了。

2. 培养孩子的独立性格

日常生活中，不要过度保护孩子、事事都给孩子安排妥当。试着让孩子自己面对困境、解决问题，在他主动寻求帮助时才施以援手。培养孩子的独立性格，不仅对解决分离焦虑至关重要，也会让孩子在上幼儿园的时候没有那么多抵触情绪。

3. 提高陪伴质量

家长在家的时候，一定要抓住机会好好跟孩子相处。可以尝试一些只属于你们之间的亲密行为，比如固定由妈妈来给宝宝散步讲故事、哄睡等，让你们短暂的相处变得更加充实。高质量陪伴也值得孩子用一整个白天来期待。

4. 做一个低分离焦虑的家长

每一个有分离焦虑的孩子背后，都有一群更加焦虑的家长。孩子哭了，家长比孩子还难受；孩子不哭，家长也觉得心里不是个滋味，觉得孩子不依恋自己。当家长把这些情绪有意无意地传递给孩子的时候，孩子焦虑的情况会更严重。所以，要想让孩子合理对待分离，家长们要先调整好自己的心态。

第六节　如何正确激励孩子

心理学中有一种心理效应叫德西效应。心理学家德西在实验中发现：在某些情况下，人们在外在报酬和内在报酬兼得的时候，不但不会增强工作动机，反而会降低工作动机。此时，动机强度会变成两者之差。人们把这种规律称为德西效应。

德西效应的本质与奖励有关：一般来说，奖励可以提高一个人的积极性。可当他有兴趣时，你给他奖励，这反而会降低他的兴趣，从而影响其内在动机，久而久之会影响一个人的潜能。

学前期孩子往往对身边的事物都充满了兴趣。有时候，父母看到孩子的成长会感到开心喜悦，并给予奖励，但是要注意奖励的方法和时机，不要让奖励“抹杀”了孩子的好奇心和兴趣。

某主持人朱女士在节目中分享了自己的故事。有一次，朱女士带刚满1岁的女儿去朋友家做客，女儿无意中弹了一下朋友家的钢琴，朱女士便将女儿弹钢琴的视频分享给一个做音乐的朋友。这个做音乐的朋友出于礼貌，夸赞朱女士的女儿弹得真好，很有天赋。

朱女士听了后非常开心，觉得自己与丈夫都是搞艺术的，女儿的艺术天赋自然也不错。因此，便给女儿买了一架钢琴。

对于朱女士的这种教育观念，现场另两位嘉宾听后直摇头。对于如何为孩子选择兴趣爱好，嘉宾应女士也分享了她是如何教育儿子的。原来，应女士的儿子小时候也要求妈妈为自己买一架钢琴，面对儿子的要求，应女士并没有马上答应。

应女士故意表示钢琴很贵，超出了家庭支出范围，并提出只有儿子认真努力学好钢琴，在某个时刻才能拥有属于自己的钢琴。儿子听完应女士的话，便更加努力地去学习钢琴，只为能够在某一个时刻拥有属于自己的钢琴。

故事中，朱女士这种替女儿选择兴趣爱好的家长，在我们日常生活中也十分常见，但最终能坚持下来的家庭应该也不会太多。半途而废的钢琴学习，反映了一个道理：兴趣是最足的内在动力。

真正让孩子产生兴趣的源头是他们自身的内驱力，只有孩子发自内心愿意做一件事情，他们才能真正进步，但过多的奖励恰恰会限制孩子内驱力的产生。

教子有方小课堂

父母应该如何正确激励孩子？

1. 父母要把握奖励的度

只有孩子真正有了比较大的进步，或者是完成了超出能力范围的事情，父母才应该适当地给予奖励。这种奖励可以是精神上的表扬，也可以是物质上的小奖励，比如为孩子选购一件他们之前想要的礼物。

2. 给予孩子的奖励要及时

奖励是有时效性的，孩子在取得成绩之后，父母应当及时地给予奖励。如果在一段时间之后再给奖励，那么孩子的喜悦感会大打折扣，也就很难起到激励孩子的效果了。

3. 适当改变自身观念

有些父母认为孩子学习好、生活自理能力好，这些都是应该的，从而对孩子取得的成绩视而不见；而有的父母觉得孩子还小，做一点事都不容易，导致他们天天把表扬孩子挂在嘴边，认为孩子很了不起。

这些想法都是极端的，只有科学运用奖励机制，才能更好地促进孩子进步。

第八章　学做合格家长

第一节　唠叨的“杀伤力”究竟有多大？

心理学家维果斯基提出了有意注意的社会起源理论。他指出，有意注意是在儿童和成人交往过程中逐渐形成的。成人的言语和手势对儿童注意的引导在儿童有意注意的发展中具有重要作用。

进入学前期后，孩子对成人言语的理解力迅速提高。因此，在孩子有意注意的发展中，成人的言语起着引导、组织的作用，可以帮助孩子明确注意的目的、任务。成人对孩子有意注意的指导作用还在于，在有意注意过程中，教给孩子一些保持有意注意的方法，如“把小手放在腿上”“眼睛看着老师”等。

“老师在上面讲课，他根本就不听，回来一问学了啥，他都说不知道！平时吃饭喊他，也是十遍八遍地喊，就跟听不见一样，这马上要上小学了，可怎么办？”

这是妇幼保健院儿保科的一个病例。一位6岁男孩小壮的妈妈，因为孩子注意力不集中，带他前来咨询。她怀疑小壮智力有问题，所以想给孩子测一下智商。

小壮的妈妈说，因为他们夫妻平时工作忙，所以孩子出生后一直由老人带着。老人平时说话比较唠叨，也比较溺爱孩子，孩子很顽皮，不听话。

因为小壮马上就要上小学了，小壮的父母担心他上小学后学习跟不上，就给他报了个暑期的幼小衔接班。可是，上了一个暑假，感觉没学到什么。老师说，上课的时候，小壮老是不注意听讲，经常是老师在前面讲，他在下面玩，要不就坐着发呆。

“最让人生气的是，每次喊他吃饭，十遍八遍都喊不动，他就跟没听见一样。你说他听力有问题吧，要是感兴趣的事儿，再小声说他都能听见。”小壮的父母怀疑孩子智商有问题，所以带他到医院来，请医生给测一下智商。

医生听了小壮妈妈的介绍后，和孩子做了简单的交谈，初步认为小壮不是智力问题，而是存在注意力缺陷，这种情况可能与孩子的成长环境有关。

孩子出现这样的问题，可能是因为长期和老人生活在一起，老人又比较唠叨，就像人们长时间处于噪声大的环境中，会自然屏蔽一些声音。老人爱唠叨，说了后孩子不听也不会造成什么影响，时间一长，孩子习惯性地会屏蔽掉家长给他的指令。

医生说，这样的情况她以前见过不少。这样的孩子通常注意力不集中，学习能力差，这种情况在孩子上幼儿园的时候不是很明显，到了小学的时候会很快显现出来，最明显的就是学习成绩差。

随后，医生指导这位妈妈结合日常生活对孩子进行行为矫正，并通过游戏、讲故事等活动加强孩子的视觉统合能力、听觉统合能力及注意力的训练。

心理学上有一个名词，叫作超限效应，指刺激过多、过强或作用时间过久，从而引起心理极不耐烦或逆反的心理现象。表现在生活中就是：你越是对孩子唠叨，你说的话就越没有意义。

当父母遇到孩子的问题，或是认为孩子一定要记住的事情，如果多次进行重复，这对已有自我概念的孩子来说，相当于忽视孩子的感受和他们的面子。这种教育方式不会有什么效果，不仅自己白费口舌、劳而无功，还会引发孩子的负面情绪，或出现家长眼中的“不听话”的表现。

而且，家长不停地唠叨和说教，容易让孩子产生依赖心理，让他们觉得反正有人会提醒，便不会自己用心。而当问题出现以后，就会把责任推到家长身上，成为典型的外归因。所以，长期被唠叨的孩子，缺少责任感和独立意识，容易变得懒惰、散漫，难以获得个性自由和全面发展。

此外，反复听到同样的话，会让人产生一种习惯性的听觉模糊，明明在听，却根本不入心里去。这是长期重复听同样的声音产生的不在乎的感觉。做父母的不要只怪孩子不听话，要想想自己是否在短时间内高密度重复相同信息，让孩子产生听觉模糊了。

教子有方小课堂

1. 指令言简意赅

不论是对成年人还是孩子来说，越是冗长、烦琐的指令，越没有执行力。

想让孩子按时起床、好好吃饭、乖乖写作业，任何抱怨、指责、翻旧账都没有用。不如对孩子说简短、有重点的指令，并且用规则代替无用的唠叨，孩子才听得进去。

2. 严格执行规定

想要孩子听话，父母要守住自己的原则，不能因为心疼就妥协。

比如家长对孩子说不收拾好玩具，下次就不能玩。如果孩子不收拾，下次就别再给他玩具，不能因为孩子哭闹而妥协。否则孩子下次还是一样：不管家长怎么说，他都不听。

3. 相信孩子可以做到

做不唠叨的父母，最重要的一点是，给孩子适当的提醒，而不是事无巨细地操心。

很多父母之所以爱唠叨，是因为对孩子的担心过多。不妨给孩子一点空间，让他们自己学着成长，等孩子真正需要的时候，家长再适时地提供帮助。

4. 与孩子平等沟通

唠叨是在不断地单向传递父母自己的想法。那么，当家长在唠叨时，孩子在想什么？如果家长的想法不能走进孩子心里，就达不到改变孩子行为的目的。

家长与其不停地重复命令，不如好好跟孩子讲述自己的想法，同时也请孩子说说他自己的想法。

第二节　如何让隔代教育扬长避短

隔代教育是指一些年轻父母因为自己的工作繁忙，或者因为离婚而把孩子的教育、生活等责任交给了孩子的祖父母或外祖父母。这种由祖辈对孙辈的抚养和教育被称为隔代教育。

隔代教育的效果大致可以归结为 4 种类型，分别是过分关注型、过分监督型、严厉惩罚型、民主温暖理解型。

隔代家庭教育是在祖辈与孙辈之间进行的，是祖辈对孙辈的成长产生影响的过程，这一影响过程实际上也是祖辈与孙辈间的一种双向的互动过程。

隔代教育的益处在于：首先，祖辈有爱心，对孙辈十分喜欢；其次，祖辈具有抚养孩子和教育孩子的实践经验；再次，祖辈在长期的社会实践中，积累了丰富的社会阅历和人生感悟，他们认为孩子应该在愉快、宽松的环境下生活和学习。

隔代教育的弊端在于：首先，隔代教育的溺爱和迁就，容易使孩子产生“自我中心”意识，形成任性、唯我独尊、不合群、不懂礼貌等一些不好的性格和习惯；其次，过分保护遏制了孩子独立能力和自信心的发展，增强了孩子的依赖性，更容易使孩子变得娇气；再次，祖辈易受传统思想的束缚，接受新生事物较慢，影响孩子创新个性的形成。

木木是个小男孩，4岁时才上幼儿园，长相呆萌可爱，因为家长经常给他穿粉色、浅色的衣服，使得好多老师在前半个学期都误以为他是女孩子。

木木的身体好像总是没有力气：户外活动时，其他同龄小朋友跑跑跳跳，只有他喜欢一个人在旁边坐着，还不停说“好累”；上课坐着的时候，他的身体不能坐直，总是会歪坐着；他的手一点儿力气都没有，不能自己穿上裤子，在倒牛奶时摇摇晃晃，总是会倒洒。

老师和幼儿园里的小伙伴跟木木聊天时，他也总是答非所问，说两句话就提到他的玩具或者动画片里的内容。木木说话发音也不清晰，含含糊糊的，其他小朋友都不明白他在讲什么，所以也慢慢不理他了。他经常一个人在教室里走来走去，老师请他回答问题或者加入其他小朋友的游戏，他也会拒绝。

有一次，木木趁老师不注意，一个人走出教室，在外面走廊上独自坐着。老师找到他时，他眼含泪水，说想回家。老师问为什么呢，木木说其他小朋友不跟他一起玩，说他是“小女孩”。小朋友们不喜欢他，他不开心，不想待在学校了。

老师和木木的妈妈沟通之后发现，木木自卑的根源在于家庭。

木木的父母工作特别忙，很少陪他，平时都是爷爷奶奶接送他。但是木木的父母告诉老师，他们非常爱木木。木木想要什么他们就买什么，木木的爸爸更是天天给孩子买玩具。让木木的父母疑惑的是，木木的玩具特别多，但是他好像并没有特别喜欢什么玩具，每个玩具都是玩几下就不喜欢了。

另外，木木的妈妈说，他们从小把木木照顾得很好。因为怕他不能适应幼儿园，所以木木满了 3 岁后，也一直没送他去幼儿园。平时木木也很少和同龄的小朋友一起玩，大多数时间是待在家里玩玩具和看动画片。

故事中，木木的父母陪伴他的时间很少，大部分时间是爷爷奶奶陪伴，这种教育方式属于隔代教育。

木木的家庭教育方式，使得他在幼儿园生活中有许多不适应。首先，他的生活自理能力弱于同龄孩子，不能像其他孩子一样完成自己的任务，这使他的自我效能感降低，不利于其形成良好的自信心。其次，他的语言表达能力和社交能力弱于同龄小朋友，一是不能清晰表达自己的想法；二是在交流中不能觉察别人的态度和需求，只能关注到自身的想法。此外，他的着装偏女性化，这容易让还在通过衣服、发型等浅层性别特点来定义男生、女生的幼儿园小朋友产生迷惑，如果遇到其他小朋友因此开性别玩笑，木木的自尊心会更加受挫。

教子有方小课堂

在幼儿养育阶段，隔代教育是大多数家庭需要考虑的问题。同时，面对隔代教育的弊端，我们需要采取相应的策略，真正发挥隔代教育的优势。

1. 隔代教育是家庭教育的补充而非替代

家长必须明确父母才是孩子的第一责任人。老人帮忙照顾孩子并不意味着父母就能做“甩手掌柜”，完完全全将孩子丢给老人。一方面，老人具有更加丰富的育儿经验和空闲时间，能够较好地照料孩子，有助于减轻年轻一代的育儿压力；另一方面，由于教育理念和教育内容的陈旧落后，老人容易溺爱孩子，不利于孩子的独立成长。当前，很多青少年不良问题的出现都是由于父母长期缺席孩子的成长。因此，父母作为家庭教育的主体，必须积极地参与到孩子的成长过程中，为孩子提供全面的教育和关爱。

2. 两代人统一思想，求同存异

由于出生与成长的环境和时代有着显著的差异，两代人在教育孩子的问题上自然也会存在相当大的差距。

在教育孩子的事情上，要多沟通，多讨论，扬长避短，统一认识，目标一致，避免发生分歧。父母们应该多向祖辈请教，而祖辈们最好利用各种渠道多接受新思想，学习新知识，用科学先进的教育理念来武装自己。

当在教育过程中遇到分歧时，父母们不能简单粗暴地否定，而应该与祖辈做一些有效的沟通。一方面，了解祖辈育儿行为背后所蕴含的理念和想法，找出问题所在，耐心地与祖辈进行沟通与交流，告诉他们这些错误的行为可能带来的后果与问题，并且告诉他们正确的做法。另一方面，可以鼓励祖辈跟上时代的步伐，了解孩子成长的一些规律和特点，不断优化自己的教育观念和方法。如多走出家庭参加一些育儿讲座，多与其他人交流教育心得等。

第三节　尊重孩子的物权意识

学前期是孩子物权意识发展的关键期，主要表现为：语言上，重复使用“我的”；动作上，伴随攻击行为；情绪上，易冲动且不能自制。

物权意识的关键期只是孩子成长发育的一个阶段。在这个阶段，孩子会开始理解物品的归属权概念，并认识自己与物品间的关系。

家长要充分理解这一阶段孩子的心理，并且帮助孩子顺利地度过这一时期。不必为这个阶段孩子的“自私”而忧心忡忡，更不应该不明就里地强制孩子分享，而是应该给予孩子尊重、接纳、引导。

尊重是指尊重孩子的物权；接纳是接纳这个阶段的孩子相应的行为，比如不爱分享、抢玩具等；引导是让孩子理解物品的归属权概念，认识自己与物品间的关系，并学会合理分享。

妈妈给全全买了新的蜡笔。全全特别喜欢用这些蜡笔画美丽的画，画上有山、有水、有小动物、有小全全和爸爸妈妈……

小朋友们都夸全全画得好，只有班上的另一位小朋友林林关注了全全的蜡笔。

这一天，全全在幼儿园的角落又开始画画，林林走了过来，二话不说，一把抢过全全的蜡笔，开始掰着玩。全全生气地推了他，抢回了自己的蜡笔。

可是，林林不服气，便跟全全打了起来。

在幼儿园老师的劝阻下，两个孩子停止了打闹。等到家长来接孩子的时候，老师便将白天幼儿园里发生的事跟家长描述了。

两个孩子的妈妈平时相处得很好。全全妈妈不想因为这件事闹得不愉快，便独自做主，把全全的蜡笔拿出来，递给林林妈妈说："林林喜欢这个的话，就给孩子拿去玩吧。"

全全看着马上要被送出去的蜡笔，当时便哇的一声哭了，抱着蜡笔不松手。可是，全全妈妈却板起脸，指责全全说："小孩子不能自私，要懂得分享！你今天做的一切老师都告诉我了，我要回家收拾你！"说完，便将蜡笔抢过来，塞到了林林妈妈手里。

学前期正是孩子学习社交的难得机会。孩子和小伙伴发生争执时，如果事态不严重，家长可以静静观察，看看他们是如何沟通和处理矛盾的，这个时候更容易观察出孩子在社交关系中的模式。也许孩子可以自己解决好相互之间的纷争。

家长确实应该鼓励孩子学会分享，分享是快乐的。但是如果不在乎孩子的感受，强迫孩子去分享，甚至还要指责孩子不分享是自私，那么分享会让孩子很难过，很不情愿。

故事中的全全妈妈擅自做主，将全全的画笔送给别人，这种做法是不可取的。家长们要分清孩子的物权和分享的概念，不是不鼓励分享，而是要尊重孩子的意愿。孩子也是需要被尊重的，无论什么时候，家长都要尊重孩子，就像成年人同样希望获得别人的尊重一样。

教子有方小课堂

1. 尊重孩子的物权

家长要鼓励孩子分享，但不要强迫孩子分享。当孩子拒绝分享时，家长不要给孩子贴“自私”的标签。家长不要私自把孩子的东西送给别人，同时也不要随意丢弃孩子的东西。

2. 及时归还不属于孩子的东西

家长要告诉孩子在公共场合或者别人家里，什么东西是可以拿的，什么东西是不可以拿的。孩子想要什么，在拿走之前，要先问大人。孩子如果拿了别人的东西，一定要及时归还。父母若发现孩子拿了别人的东西，可以先了解孩子为什么要拿，再做适当处理。在这个处理过程中，要注意与孩子沟通的方式，不要伤害孩子的自尊心。

3. 灌输“轮流”“借用”的概念

在 2 岁以前，孩子没有所有权的概念，所以小朋友之间互相分享玩具很常见。但是 2 岁以后，孩子的物权意识开始萌芽，会开始不再愿意分享，自己喜欢的东西就会重复强调“这是我的”。

这个时候，如果孩子开始抢夺、占有其他小朋友的东西，父母可以趁机给孩子灌输“轮流”“借用”的观念，告诉孩子“我们可以轮流，现在是哥哥在玩，等会儿你再玩”，或者“那个玩具是妹妹的，你要玩可以先问妹妹愿不愿意借给你玩”。

4. 教孩子整理、分类和收纳

家长可以在家里开辟出一个独属于孩子的“玩乐区”，在里面放几个玩具箱或小柜子，分类摆放孩子的玩具。留出“玩具区”之后，再留一个较大的空间做“玩乐区”。在这个区域，孩子拥有物品的所有权。

最好教孩子记住一句整理的口头禅：“玩具不玩了，从哪儿拿的，放回哪儿去。”分类摆放和放回原位，可以锻炼孩子的收纳和整理的能力，预防和杜绝丢三落四、随手乱丢的毛病，让孩子养成爱惜物品的好习惯。

第四节　拔苗助长要不得

幼儿期是孩子语言不断丰富化的时期，也是孩子口头语言发展的关键期。幼儿的语言表达能力也在这一时期有了充分发展。

首先，从情境性言语过渡到连贯性言语。幼儿初期，言语中还具有明显的情境性特点。随着年龄的增长，言语的连贯性开始逐渐发展。

其次，从对话言语发展到独白言语。随着儿童独立性的发展，幼儿的独白言语逐步发展起来。但由于幼儿词汇贫乏，特别是虚词掌握的水平低，在独白过程中，由于常常停顿或出现多余的口头语而显得不流畅。在正确的教育下，到学前期，孩子言语的流畅性有显著提高。

在孩子的幼儿时期，家长要注意对孩子语言发展的指导，逐渐引导其完善语言系统。同时，尽量避免生活中由于语言表达能力不完善而产生的挫败感给幼儿自信心造成的不良影响。

明明今年 4 岁了。因为说话早又很清晰，从 1 岁半开始，明明就被周围人认为是“神童”一般的存在。这让明明的妈妈杨女士也非常自豪。

明明每天从幼儿园回来，都会跟妈妈分享他这一天在幼儿园是怎样度过的，都学习了哪些知识、老师怎样夸了他、课间操如何跟小朋友玩耍的，说得绘声绘色且逻辑清晰。就这样，杨女士觉得应该再帮助孩子努力一下，于是给明明报了语言思维兴趣班，想让孩子不仅讲话好，还要出口成章。

在兴趣班里，明明一开始对唐诗产生了浓厚的兴趣，每天放学都要读给妈妈听。后来，杨女士发现明明渐渐地不主动读唐诗了，去兴趣班的路上也不兴奋了，甚至表现出了不想去的意思。这让杨女士很是费解。原来，明明是兴趣班里年龄最小的孩子，随着学习内容越来越难，明明不仅跟不上进度，反而一听到唐诗就异常烦躁。杨女士这才意识到自己是拔苗助长了，因此后悔不已。

上述故事中，家长由于忽略了幼儿语言发展的规律，为了让孩子的语言表达能力迅速提高而给孩子报了兴趣班。但是，孩子不适应兴趣班的教学强度，学习的挫败感反而伤到了他的自尊心。

早期教育最主要的就是针对孩子的兴趣去循序渐进地输入，而不是希望孩子能一下子变得什么都会，这样也会打击孩子的自信心。当孩子对某一方面感兴趣时，家长要注意节奏，让孩子自愿地去安排自己的学习时间，不要硬性规定。

学前期孩子正处于长身体的时候，过早强迫他们学习一些比较枯燥的知识，不利于孩子神经系统的发育。

教子有方小课堂

在学前期幼儿阶段，家长应注意培养孩子的如下几种能力：

1. 培养孩子良好的书写习惯

上小学之前，有些家长会培养孩子握笔写字的习惯。很多家长一开始会关注孩子的字好不好看，却忽略了孩子的握笔姿势。孩子最开始学习写字的时候，往往握笔姿势和坐姿会很不规范，这时候，就需要父母做好引导和指正。如果不加以引导和改正的话，等到孩子长大以后，就很难改变了。错误的握笔姿势和坐姿不仅会影响写字的效果，还可能对孩子的手关节和脊柱等产生不良影响。

2. 培养孩子养成良好的阅读习惯

孩子天生喜欢故事、绘本。父母选择和孩子一起读绘本或者故事，不仅可以让孩子明白很多道理，也可以培养孩子的识字能力，这样对孩子以后的阅读理解能力会有很大的帮助。

3. 培养孩子做事的专注力

孩子天生就是爱玩的，很难长时间坐下来去做某一件事情，而这时候孩子的专注力就显得非常重要了。

那些专注力不集中的孩子在学习方面的表现也不会太好，上课不认真，课后不愿做作业。如果没有在早期养成做事专注的好习惯，久而久之，父母也会感觉到教育孩子十分吃力。孩子也会因为成绩不好变得没有自信心，从而厌学。

第五节　如何成为不焦虑的家长

学前期孩子的父母大多处于成年早期。成年早期在人的一生发展中具有重要意义。在这一时期的家长，个体的身心发展趋于稳定成熟，开始全面履行作为社会成员的责任和义务。

但是，成年早期的个体不可避免地面临着诸多冲突和困难，特别是要完成社会角色的变化。在养育孩子的过程中，父母还要兼顾自己的生活和事业，难免焦虑。父母的焦虑情绪会传染给孩子，容易引起孩子的情绪波动；而且，孩子长时间受到来自父母的压力和负面评价，容易产生自卑、自我认知缺乏的心理。因此，家长要注意调控自己的情绪，尽力为孩子营造稳定的情绪环境。

在电视剧《虎妈猫爸》中，罗茜茜是一个5岁的小女孩。她一开始在爷爷奶奶身边生活，自由散漫，开心快乐。她的妈妈毕胜男，看见别人家的小孩多才多艺，什么都会，还得了很多的奖，而自己的女儿什么都不会，突然觉得这样下去，罗茜茜早晚会被毁了。于是，她将女儿罗茜茜接回了家，下定决心要抓好罗茜茜的教育。

毕胜男和丈夫罗素为了女儿上学，换掉了原来宽敞舒适但是对口的学校不太好的大房子，买了远超他们家庭经济能力承受范围的“老破小”学区房。不料政策有变，学校规定需要在学区房落户满一年才可以入校上学。毕胜男经过挣扎后，决定让已经到了入学年龄的罗茜茜在家等一年，而她辞职回家陪女儿一年，自己教女儿小学的知识。

后来，毕胜男和罗素经常在孩子面前吵架，说要离婚，而这一切都被罗茜茜看在眼里。罗茜茜很想拥有一个完整幸福的家，爸爸妈妈不吵架。而她的姥爷毕大千也误导她说，只要她认真读书，考第一名，她的爸爸妈妈就会和好。于是，罗茜茜开始熬夜学习，压力越来越大，最后在一次考试中不慎摔下楼梯。家人将罗茜茜送到医院检查后发现，孩子得了抑郁症。

一个5岁的小朋友，面对父母对自己成绩的不满意，面对与小伙伴的分离，面对父母吵架甚至离婚……这些都让她很没有安全感。在这样压抑且惊慌的环境下，孩子心理负担过重，便导致了疾病。

很多家长没有意识到贬低、否定对孩子来说也是一种暴力，还有父母、家人之间争吵，家庭气氛压抑，孩子的情感诉求得不到满足等，对于孩子来说，也是一种精神虐待。

大多数家长的焦虑主要来自两方面：一是对孩子未来的未知和不可掌控的恐惧，二是将孩子盲目地与“别人家的孩子”作比较。其实这些焦虑可以说是家长自找的。焦虑并不可怕，可怕的是很多家长把握不好焦虑的度，以至于影响到孩子与家长的亲子关系以及孩子未来的发展。

教子有方小课堂

父母需要正确处理自己的焦虑情绪，让孩子更好地成就自己。

1. 分清界限，成为有边界感的人

我们所能掌握和决定的，只有自己的事。很多父母对子女的焦虑，往往是因为他们边界不清，把子女的事当成了自己的事。

比如孩子的学习，有些父母比孩子还要操心。这就是把孩子的

事当成了自己的事，容易导致孩子失去学习的动力。

作为父母，可以在孩子认知和习惯不完善时，让孩子知道学习是他自己的事，培养孩子好的学习习惯。至于学习过程中的细节，交给孩子自己处理就好了。父母可以和孩子一起定好规则后，各自履行自己的职责。

2. 正确认识孩子之间的“不一样”

正如“世界上没有两片完全相同的叶子”一样，世界上也没有完全相同的两个人。孩子从出生的那一刻起，就决定了他的与众不同。个体发展的差异性也告诉我们，个体在认识、情感、意志等心理活动过程中总是有差异的。

当家长的，要意识到孩子的独特性。有的孩子擅长绘画，有的孩子擅长弹钢琴，有的孩子擅长体育运动等，每个孩子都是独一无二的。所以，家长要正确地认识到这种“不一样”。

3. 将孩子与同龄人中的大多数孩子作比较，而不是只比那些“尖子生”

很多家长往往会把自己的孩子与那些“尖子生”作比较，今天拿他的学习成绩和学习尖子比，明天拿他的绘画作品和画画尖子比，后天拿他的身体和运动尖子比，这就犯了取样偏差的错误。

为什么会这样呢？因为家长太焦虑了。如果家长对孩子的未来过度焦虑，就会要求孩子要做到最好。将孩子进行比较本来也无可厚非，但家长应该将孩子与他的同龄人中的大多数人进行比较，而不是只和那些最优秀的人比较。

图书在版编目（CIP）数据

3～6岁儿童家庭教育指导手册 / 吕博主编. -- 武汉 ：湖北教育出版社，2025. 4. --（故事里的家庭教育学 / 赵刚总主编）. -- ISBN 978-7-5564-6188-2

Ⅰ. G781-62

中国国家版本馆CIP数据核字第2025L0K862号

3～6岁儿童家庭教育指导手册

3～6 SUI ERTONG JIATING JIAOYU ZHIDAO SHOUCE

出品人　方　平

责任编辑　孙亦君　　责任校对　李庆华

封面设计　李　枫　刘静文　　责任督印　刘牧原

出版发行　长江出版传媒　430070　武汉市雄楚大道268号

　　　　　湖北教育出版社　430070　武汉市雄楚大道268号

经　　销　新　华　书　店

网　　址　http://www.hbedup.com

印　　刷　湖北新华印务有限公司

地　　址　武汉市硚口区长风路31号

开　　本　710mm×1000mm　1/16

印　　张　9.5

字　　数　120千字

版　　次　2025年4月第1版

印　　次　2025年4月第1次印刷

书　　号　ISBN 978-7-5564-6188-2

定　　价　30.00元